不一样的语文故事 3

龚房芳 著

山东教育出版社

图书在版编目(CIP)数据

不一样的语文故事. 3 / 少军，张秀丽，米吉卡主编；龚房芳著. 一 济南 ：山东教育出版社，2016（2019.5重印）

ISBN 978-7-5328-9284-6

Ⅰ. ①不… Ⅱ. ①少… ②张… ③米… ④龚… Ⅲ. ①阅读课—小学—课外读物 Ⅳ. ①G624.233

中国版本图书馆CIP数据核字（2016）第051123号

BU YIYANG DE YUWEN GUSHI 3

不一样的语文故事 3

主管单位： 山东出版传媒股份有限公司
出 版 人： 刘东杰
出版发行： 山东教育出版社
地　　址： 济南市纬一路321号　**邮编：** 250001
电　　话： （0531）82092664
网　　址： www.sjs.com.cn
印　　刷： 山东临沂新华印刷物流集团有限责任公司
版　　次： 2016年4月第1版
印　　次： 2019年5月第2次印刷
开　　本： 720mm × 1020mm　1/16
印　　张： 8.5
印　　数： 60001—70000
字　　数： 50千字
定　　价： 20.00元

（如印装质量有问题，请与印刷厂联系调换）
电话：0539-2925659

如果说数学是各门学科的基础，那么语文就是这个基础的基础。

——苏步青

怪怪老师

性格： 自称来自外太空最聪明最帅的一个种族（不过没人相信）。拥有神奇的能力，比如时空转移、与动物沟通、隐身等。他带领同学们告别枯燥的教室，在语文世界里展开一段又一段奇妙的魔幻探险。

星座： 文武双全的双子座

爱好： 星期三的午后，喝一杯自制的“星期三么么茶”。

皮豆

性格： 鬼马小精灵，班里的淘气包。除了学习不好，其余样样行。喜欢恶作剧，没一刻能安静下来，总是状况百出。不过，也正是因为有了他这样的开心果，大家才能欢笑不断。

星座： 调皮好动的射手座

爱好： 上课的时候插嘴；当怪怪老师的跟屁虫。

蜜蜜

性格： 乖巧漂亮的甜美女生，脾气温柔，讲话细声细气。爱心大爆棚，喜欢小动物，酷爱吃零食。男生们总是抢着帮她拎东西、买零食，是班里的小女神。

星座： 喜欢臭美的天秤座

爱好： 一切粉红色的东西，平时穿的衣服、背的书包、用的文具……所有的一切都是粉色的。

女王

性格： 霸气外露的班长，捣蛋男生的天敌。女王急性子，遇到问题一定要立刻解决，所有拖拖拉拉、不按时完成作业、惹了麻烦的人都要绕着她走，不然肯定会被狠狠教训。班上的大事小事都在她的管辖范围之内。

星座： 霸气十足的狮子座

爱好： 为班里的同学主持公道，伸张正义。

十一

性格：明星一样的体育健将。长相俊朗帅气，又特别擅长体育，跑步快得像飞。平时虽然我行我素，不喜欢和任何同学交往过密，却拥有众多女生粉丝，就连“女汉子”女王跟他说话时都会脸红。

星座：外冷内热的天蝎座

爱好：炫耀自己的大长腿。

博多

性格：天才儿童，永远的第一名。博学多才，上知天文下晓地理，有时候怪怪老师都要向他请教问题。只是有点天然呆，常常在最基本的常识性问题上出错。

星座：脚踏实地的金牛座

爱好：看科普杂志。

乌鲁鲁

怪怪老师带来的一只外星流浪狗，是大家最最忠实可靠的朋友。

目录

第一章

乌鲁鲁大显身手

猫长老和猫小姐离开后，同学们一个个意犹未尽，每天都会把那些事儿再提起。重点当然少不了皮豆的状况，少不了博多的见多识广……

可是任何一种话题，天天说也会让人生厌。没多久，大家突然懒得说话了。教室里，下课跟上课一样安静。

女王是第一个开始着急的。这学期的语文学习重点是写作，写作的重要性一个字儿都不必多说。同学们这样没精神，可不利于学习呀。她必须找怪怪老师谈谈了。

没等女王去找怪怪老师，怪怪老师却先找来了。他把女王叫到教室外，明知故问："怎么样，最近大家都好吗？"

"好什么呀？一个个都蔫头耷脑的，连学习写作的兴致都没了。"女王又着急又难过，"怪怪老师，快想个办法吧。"

“有我在，什么都不是问题！”怪怪老师拍拍胸脯，又对女王摆摆手，“你进教室吧，下节课就明白了。”

下节是语文课，果然，怪怪老师神秘兮兮地对同学们说：“今天学什么内容，要听乌鲁鲁的。有请乌鲁鲁上场！”

同学们坐直了身子，瞪大了眼睛，看着讲台上的乌鲁鲁。

乌鲁鲁学着怪怪老师平时讲课的模样，在鼻梁上方推了推，好像是在弄眼镜：“同学们，我呢，其实是来变魔术的。现在请你们闭上眼睛，把心里最想做的事情默念三遍——”

大家照做了。

好了，可以睁开眼睛了。你们先看看现在跟刚才有什么不同，能找到的越多越好。

乌鲁鲁又说：“好了，可以睁开眼睛了。你们先看看现在跟刚才有什么不同，发现得越多越好。”

很明显的是，怪怪老师的眼镜到了乌鲁鲁的鼻梁上，同学们都指出了这一点。接下来，细心的蜜蜜发现怪怪老师刚才手里拿的粉笔短了许多。博多看出乌鲁鲁尾巴上多了个戒指，他得意地指出来。

“不，应该算是‘戒尾’吧？因为是戴在尾巴上的，不是戴在手指上的。”女王一边说，一边忍不住直笑，同学们也跟着笑了起来。

“还有呢？”怪怪老师问。

“没啦。”好几个同学同时回答。

皮豆看了半天也没发现什么，有些着急了，只好瞎蒙，随口说了句：“黑板。”

“没错！”乌鲁鲁高兴地摇着尾巴，小短尾巴上的“戒尾”跟着晃动，发出炫目的光芒，不会还镶着钻石吧？

皮豆自己也很惊讶：“啊？”

同学们也是一阵骚动，老实说，黑板看起来真的没什么变化。

怪怪老师示意大家安静，对乌鲁鲁说：“开始吧，咱们就不卖关子了。”

“好咧。”乌鲁鲁答应着，转身举起讲台上的一个玻璃杯子。

皮豆不经意答对了，心里其实没谱，要是问起来黑板上究竟有什么变化，他是真的答不上来。所以这会儿，他比谁都认真，眼珠子紧盯着乌鲁鲁的一举一动。

“超级魔术师，好戏要上演！”乌鲁鲁说着，手里的水杯就飞了出去，当然，是朝着黑板飞的。

“呀！”一阵惊呼。

怪怪老师的嘴角微微一提，女王的嘴角也微微一翘，他们都像胸有成竹的大将。

“呀！”又是一阵惊呼。

杯子触到黑板，并没有发出玻璃碎裂的声音，也没有玻璃碴掉落，而是像被黑板吸走了一样，不见了。

再看黑板，上面写着一行大字：“像个冒险家那样周游世界”。

“呀！”第三次惊呼响起。

蜜蜜首先尖叫起来：“这正是我刚才在心里默念的！”

“也是我心里想的！”皮豆嚷嚷着，还举起了手。

“也是我默念的。”博多激动得直摸脑袋。

十一慢条斯理却又红着脸说：“我也是这么想的。”

“我们都是这么想的！”同学们一起大声喊，“太神奇了，乌鲁鲁！”接着都涌上前来，挨个摸了摸乌鲁鲁的头，还有人趁机去看那枚“戒尾”上是不是真的镶有钻石。

怪怪老师马上有了被冷落的感觉，他大声地清清嗓子，可惜同学们都没听到。他只好敲敲教鞭，同学们还是没有反应。最后，他扯着嗓子喊：“都给我回到座位上去！”

这一声宛若晴天霹雳，同学们被吓得打个激灵，马上有序地回到自己的座位上，惊恐地看着怪怪老师。

怪怪老师这才换了脸色，笑嘻嘻地说：“好了，好了，很抱歉我刚才嗓门大了些。可你们想过没有，乌鲁鲁他就是有天大的本事，也是我带来的呀。你们爱狗还得看主人呢，是不是？”

“不是！”皮豆带头反对。

“刚表扬你，你就翘尾巴了？”怪怪老师嗔怪地看了皮豆一眼，继续说，“那好吧，你就说说想去哪里冒险吧。”

皮豆说个不停：“沙漠、洞穴、森林、海岛、城堡、高山、海底、矿井、云层、太空……”

他越说越得意，却又分明感觉到同学们看他的眼神有些不对。说着说着，他的嘴皮子不那么利索了：“沼泽、滩涂、湿地、雅丹……”

“皮豆，你倒是出声呀！”女王大喊起来。

皮豆的脑袋嗡地响了一下，很显然，自己遭暗算了，刚才说了小半天却没声音，难怪同学们都那样看着自己。

肯定是怪怪老师作怪，没错。

怪怪老师一脸坏笑，看看皮豆，又看看大家：“好了，刚才虽然你们没听到皮豆想去的地方，但是我已经记录下来了。除了已经去过的两个地方，还有太空——那是我的老家，不能让你们随便去玩。这三个删除，其余的都在。”

说着，他的手上已经出现了一个大圆盘，圆盘上还有一根指针。哈哈，同学们都乐了，这是要玩大转盘游戏呀。

“你们转这个，指针指到哪个就去哪里，看你们的喽！”怪怪老师把转盘固定在黑板上，让大家挨个去转。

皮豆理所当然享有优先权，他豪情万丈地走上前去，使足力气转动那个大大的转盘。转盘飞快地旋转，带起一股风，吹动了怪怪老师的衣角，跟着被吹起的还有乌鲁鲁身上的毛。

大约过了一分钟转盘才停下，下方那个黑色的三角指针尖儿正对着“沙漠”。

接着是女王来转，她也是狠狠地用力，转盘发出“嗞啦啦”的响声。可最后，指针还是停在了“沙漠”上。

博多上场，他只用了二分之一的力气，结果却也是相同的。

蜜蜜本来力气就小，她也不想破坏自己的淑女形象，就轻轻地一推。大家都屏住呼吸等待结果，可指针还是没离开“沙漠”。

同学们一一上台，一一转动大转盘，可结果却没有任何变化。

“这是老天的意愿吗？”皮豆笑嘻嘻地说，他觉得去沙漠也不错，可并不是每个人都喜欢沙漠啊。

蜜蜜就不喜欢：“天哪，沙漠里那么干燥，我娇嫩的皮肤哪里受得了哇！”

女王跟他们想的不一样：“为什么每次的结果都相同呢？真是太奇怪了。”她把怀疑的目光投向怪怪老师。

怪怪老师马上做出解释："好吧，同学们，这可能是巧合，也可能另有原因。大家可以仔细观察，找出答案嘛。"

女王松了口气，听怪怪老师的语气，就知道是他在作怪。

"三分钟之内，谁能找出答案来，就奖励谁。"

于是，大家再次涌上讲台，围着大转盘琢磨起来。

蜜蜜作为书记员，专门记录大家的发现：

"这个转盘比我们平时见到的大多了。"这是皮豆的发现。显然这几乎是一句废话，但是忠于职守的蜜蜜还是记了下来。

"我们在商场里见到的抽奖转盘上都是写着奖品的，这里写的是'地点'，不，是'地方'。"这是博多的发言，蜜蜜先写下"地点"二字，又改成"地方"。

"这个转盘的轴是不锈钢的，转起来不太费力。"这是女王的观察结果。

"这个转盘……"

蜜蜜记录了不少，可她感觉这些根本不能够解释为什么指针总是停在"沙漠"上。

女王也觉得答案不准确，她摸摸转盘的底端，试图发现什么。

皮豆那个着急呀，他想战胜所有人，却没有一身好本领。

只好求助了。对，求助！向乌鲁鲁求助。

凭着死党之间的交情，皮豆对乌鲁鲁使了个眼色，乌鲁鲁就隐身来到皮豆的耳边，小声说："去转盘的里面看看。"

“啊？里——”皮豆说了一半就捂住自己的嘴巴，是啊，哪能说出来哟！

“闭上眼睛，出发！”在乌鲁鲁的命令下，皮豆很听话地做出反应，一下子就钻到了大转盘的肚子里。

哈哈，原来转盘写着“沙漠”的位置用的是铁皮做的外边，其他位置都是木头外边，而那个表示结果的三角指针是磁铁，难怪每次都会选中“沙漠”！

皮豆钻出转盘肚子，刚想说出答案，又觉得不妥，生怕怪怪老师识破他偷看内部构造，就想好好整理一下思路。

“这个……转盘外圈的材质稍有不同，别的地方都是木头的，可有一个地方是铁……”皮豆边组织语言边说。

哪承想，他这么一磨蹭，三分钟早就过去了，获胜者超时，并不算完胜。

怪怪老师这时总结道：“同学们，这节课你们其实在做一件事——观察。留心观察周围的事物，是学习写作的第一步，是发现生活、积累素材的前提。”他还是表扬了皮豆，让皮豆当去沙漠的领队。不过看看大家那不屑的眼神，怪怪老师忙又改口说：“啊，不是领队，是先锋官，咱们的急先锋！”

脑力大冒险

写好作文的第一步，就是要学会留心观察周围的事物，特别是要留心事物的独特之处。你玩过“一起来找茬”的游戏吗？仔细观察下图，再和本书第二页插图对比后，找出两张图片所有的不同处，并用笔在下图中圈画出来。

好了，可以睁开眼睛了。你们先看看现在跟刚才有什么不同，能找到的越多越好。

我一共找到了______处不同。

第二章

说得清，道得明

急先锋就是急，皮豆得到“提拔”立刻活跃起来，手脚都不知道放在哪儿好了。就在刚才，他深入转盘腹部之时，还发现了一个秘密，那就是黑板上有个黑点。

黑点？皮豆怀疑这就是黑洞。

要问皮豆怎么在漆黑的黑板上发现与众不同的黑点的，那可就是人家仔细观察的结果了。为此他还受到了乌鲁鲁的表扬呢，当然是偷偷的表扬。

“报告指挥官，我想先去看看！”皮豆精神抖擞，满怀期望地看着怪怪老师。

怪怪老师惊讶地看看皮豆：“怎么？你已经知道如何抵达目的地了？”

“是的！”皮豆把大转盘拿下来，放在一边，得意地指着黑板上的那行“像个冒险家那样周游世界”里的“样”字说，“就是这里——”

话没说完，皮豆却不见了。乌鲁鲁虽然眼疾手快，却也只抓到了皮豆的球鞋鞋带，为了不出危险，乌鲁鲁还是放手了。

同学们一片惊恐。女王花容失色，带着哭腔喊道：“天哪，那是黑洞，把皮豆吸进去了！”

女王还没哭出来，蜜蜜已经大哭起来，几个女同学赶紧去劝。只见蜜蜜的双肩一耸一耸的，简直就是泣不成声了。

同学们看着蜜蜜，束手无策。

乌鲁鲁却跑过来，摇着小尾巴问：“蜜蜜，不会是皮豆欠你钱了吧？”

大家都以为乌鲁鲁在开玩笑，女王瞪着他说：“幽默也要看时候啊。”

没想到，蜜蜜哭得更厉害了，简直是号啕啊。

几个女同学使劲瞪着乌鲁鲁，乌鲁鲁一脸事不关己的样子。

蜜蜜好容易才把气喘匀了些，抽抽搭搭地说：“皮豆他……他今天早上才向我借了五块钱，现在他……他不见了，我……我找谁讨债去？”

说完又大哭起来。

同学们却哈哈大笑。

笑声中，皮豆从黑板里走了出来。这下，轮到怪怪老师诧异了。

“怎么，这么快就回来了？”

“你们都不跟过来，我一个人有什么意思？”皮豆说着拿出一张图片，却被蜜蜜一把抢了过去。

蜜蜜擦干泪痕，得意地笑了：“就算还我五块钱吧。”

皮豆一时没反应过来，奇怪地问：“蜜蜜，你刚才哭了？”

“想你想得呗。”博多挤挤眼睛，同学们大笑，蜜蜜也跟着笑。

只有皮豆红了脸，莫名其妙半天。

再说蜜蜜跑到一边，仔细看看那图片，却看不出个所以然来。

“蜜蜜，是不是沙漠寻宝图？”博多着急地问。

皮豆摆摆手：“得了吧，没那么老土，你说的那是什么时候的玩法了？”

蜜蜜觉得无趣，又把图片还给皮豆：“这个不值五元钱，你还是得还我钱，别忘了。”说着把图片往皮豆的身上一扔。同学们再次大笑，连怪怪老师也绷不住，笑了。

皮豆伸手去接，却没接到，图片掉在了地上。女王赶紧帮着捡起，正低头想看呢，却发现图片上一片模糊，她揉了揉眼睛，还是模糊。

“呀！”女王把图片随手塞到博多怀里，又连忙眨眼睛，想让眼泪来湿润一下眼球。

博多抓起图片，看了看，从鼻子里哼了一声：“皮豆，你带回来的这是啥呀？”刚才他被皮豆抢白了，心里还不舒服呢。

“这，你们就不懂了吧？这是咱们的军事机密，要去沙漠历险，就全靠它了，我好不容易拿回来，你们用不着这种态度吧？”皮豆说着，一把夺过图片。他指指图片，刚要发表演说，却也跟着“呀”了一声。

“怎么会这样？”皮豆大喊。

直到这时怪怪老师才忍住笑，问皮豆：“怎么啦？”

“我从沙漠拿回的这张图上，原本有很详细的攻略说明，还有注意事项，现在什么都没了。”皮豆使劲抖动着图片。

同学们呼啦一下围过来，都抢着要看那图片。

女王这才停止眨眼睛：“敢情不是我的眼睛出毛病了哇。”

果然，大家看到的图片只是模糊一片，像是没找准焦距的照片。

怪怪老师也急了：“本来应该由我去拿这份机密文件的，谁知你抢着去了，现在内容不详，耽误大事了。”

皮豆凭着记忆，描述图片上的内容：“这是一份沙漠地形图，说明去沙漠的整个行程，图上还有这样的标注：点——接近沙漠的城市；星——金字塔；圈——撒哈拉沙漠……”

“哎呀！我们要去撒哈拉沙漠，真是太棒了！”蜜蜜似乎忘记了刚才对干燥的恐惧，兴致大增。

“可是——”皮豆为难地抓抓头皮，“现在图片上啥也看不出来了。我还记得，图中提示会遭遇沙漠风暴，会有极端荒漠，会在沙漠中的石洞里扎营，会得到沙漠意外的恩赐，会度过不一样的沙漠之夜，最后会绝处逢生。就这些了，其余的我实在记不住了。”

博多很兴奋：“太棒了，听起来很刺激。”

“我只想要一样：沙漠恩赐。”蜜蜜美滋滋地歪着头，好像已经在享受着恩赐了。

还是女王更冷静：“别做美梦了，也许所谓的恩赐是带引号的，那可就不知道是什么了。”

蜜蜜还是满不在乎：“那又怎样，反正有大家呢，就是天塌下来，也有高个子老师顶着。”

这一说不要紧，同学们马上感觉到头顶的天花板在快速下沉，大家马上就地蹲下，怪怪老师甚至坐在了地上。

蜜蜜还没反应过来，依然站着，成了班里最高的人。塌下来的天花板当然就要由她顶着了，她只觉得头顶一沉，马上哇哇大叫起来。

乌鲁鲁哈哈大笑：“别那么夸张，其实不重，就是想让你感受一下天塌下来是怎样的感觉。”

话音一落，天花板又回到原位，同学们和怪怪老师也纷纷站了起来。

蜜蜜怒目圆睁："你们这些懦夫，我还跟你们同学一场呢，一个个都见死不救。"

"这不是没有生命危险吗？如果真的有事，我堂堂男子汉岂能不出手相助？"皮豆嬉笑着说，又把同学们逗乐了。

"嘘——"女王发出小声的警告，大家跟随她的目光回头看怪怪老师，发现他正一脸愁苦。

十一打圆场说："老师别多心，蜜蜜损的是我们，不包括您。"

怪怪老师微微一笑："我是在考虑即将开始的沙漠之旅呀，本来好好的行程计划，现在被打乱了，不知道会发生什么呢。"

女王奇怪地问："刚才皮豆不是把图片内容基本描述出来了吗？是不是不够详细，不够连贯？"女王说话俨然有了小老师的语气。

"不是啦，你们看到的图片模糊一片，就证明整个行程都被重新改动了。"怪怪老师忧心忡忡地说。

博多拍手叫好："没有计划的历险才更刺激呢。"

皮豆突然紧握拳头，摆出个奋斗的姿势："我一定要查出来是谁捣的鬼，我要为荣誉而战！"

"站？什么站？罚站吗？"蜜蜜满脸不屑。

"我用人格担保，走出黑板的时候，图片还是好好的。"

"请把你的人格拿出来看看。"

"我——"皮豆急了，"蜜蜜，说不定，你就是那个'间谍'哦，你抢过去之前图片应该还是清楚的。”

蜜蜜也急了：“清楚是清楚，可上面就是些星星点点，我没仔细看，还给你的时候也是好好的。”

好了，那就继续排查吧，在皮豆眼里，每个人都是“间谍”嫌疑人。“有奸细，我们要把他揪出来！”

女王也拿到过图片，为了证明自己是清白的，也为了抓出捣蛋鬼，她想出了好主意：“这样吧，咱们不要制造矛盾，大家都回忆回忆刚才发生了什么事情，来证明自己是无辜的。必须口述或简短地写在纸条上来证明。”

怪怪老师点点头：“要想把刚才的事情回忆得准确、详细，就必须要留心观察周围的事物，而这并不是容易的事情，需要做好三步：第一步，学会追踪观察，也就是持续性观察；第二步，学会定向观察，抓住重点事物；第三步，学会随机观察，随时随地留心身边的一切。”

大家纷纷发言：

“我看怪怪老师比较可疑。我一直在观察他，他一会儿玩深沉，一会儿又是无所谓的样子。”（怪怪老师：虽然你很快将追踪观察学以致用，可是冤枉啊，我的焦急有谁能懂？）

“我觉得可能是蜜蜜做了手脚，蜜蜜是第一个从皮豆手里拿图片的，是重点怀疑对象。人家皮豆拿着的时候可是好好的呀，怎么她拿了就出幺蛾子了？”（皮豆：谢谢你有爱的证明。蜜蜜：你倒是学会了定向观察，可你哪只眼睛看见我动手脚了？）

“女王也是值得怀疑的对象，她做了几遍揉眼睛的动作，不会是遥控着改图吧？”（女王：你的想象力还真丰富，看来你以后可以做幻想小说作家了，可也不能随便污人清白呀。）

“我吧，感觉问题可能会出在博多身上，别忘了，他也是摸过图片的人。这小子知识渊博，谁知道他怎么轻轻一划拉就改变了图片呢？”（博多：我招你惹你了？我有那么尖端的高科技吗？你怎么就随机观察到我头上了呢？）

“我看，还是皮豆的嫌疑最大，别忘了‘贼喊捉贼’这个典故。”（皮豆：我——无语。）

同学们发言踊跃，女王环顾四周，头顶突然被一个小纸团砸了一下：“谁发的暗器？”

没有人回答，她想起来了，这是自己要求的，写在纸条上也行。

打开纸条，她大吃一惊，上面写着：“我回忆起来，在你们几个把图片传来扔去的时候，图片曾经掉在地上过，这不是个漏洞吗？”

一语惊醒梦中人啊，女王马上朝刚才图片跌落的地方看去，仔细用手捻捻，是有些粉状物，应该是从图片上脱落的。

“怪怪老师，我要求用亿分之一的速度重现刚才图片落地时的情景。”女王恳求道。

怪怪老师很配合，马上掏出时光棒，朝图片一指。

图片落地时那短短的一瞬间，被放大成了将近一年，大家只能选其中一段来看，就是蜜蜜往皮豆身上扔图片之后——

图片在地上弹了弹，才真正落下，这时，一只长满毛的爪子出现了，轻轻地用指甲刮了刮图片……

脑力大冒险

“说得清，道得明”说来简单，做到却并不那么容易。你能做到吗？请观察图片，说一段连贯的话。（图片选自德国漫画家埃·奥·卜劳恩的幽默连环画《父与子》）

第三章

头脑风暴灾难

“啊，是乌鲁鲁！”

再找乌鲁鲁，他早没了影子，这家伙被吓跑了。

“他用的是时光暂停流动口诀。当时大家都被定住了一会儿，乌鲁鲁趁机对图片做了手脚。”怪怪老师收起他的时光棒，“大家别怪乌鲁鲁，每次出发前，他都比你们，甚至比我还紧张。所以他想和大家开个玩笑，活跃气氛。”

“我——们——原——谅——你，回——来——吧，乌——鲁——鲁——”同学们齐声大喊。

连喊三遍，才见乌鲁鲁现身，不过，乌鲁鲁可不是独自来的，身后还跟着一个身材高大、蒙着面纱的男人。

博多见多识广，知道世界上很多地方都有女人蒙着面纱，可男人蒙面纱还是第一次见呢。他调侃道：“乌鲁鲁，你偶尔搞个恶作剧，我们是可以原谅的。可你也不至于去搬救兵呀，是想跟大家决斗吗？”

“恶作剧？决斗？”乌鲁鲁奇怪地看看博多，又看看大家，“什么意思？”

“你这个小调皮，把图片抓坏了还不承认？”蜜蜜抢先说，“我们看了怪怪老师的回放，但是原谅你了。”

乌鲁鲁的眼睛睁得像牛眼：“你说什么呢？图片关我什么事？回放？原谅？真是莫名其妙！”

看来是不太对劲，同学们把目光投向怪怪老师。怪怪老师的脸红了一下，又红了一下，摆手说：“别看我，别这样看我，我会害羞的。”

“你诬陷了乌鲁鲁。”皮豆愤愤不平。

“好吧，我承认，是跟你们开了个玩笑。”

“这不是玩笑，你必须向乌鲁鲁道歉。”

“对！道歉！”

怪怪老师做了个鬼脸：“好吧。”说着，他对着乌鲁鲁扭扭屁股，又转身眨眨眼睛。

乌鲁鲁被逗乐了，连忙说：“好了，好了，原谅你了。”

同学们可不愿意呢，他们一起喊：“不行，要真诚地道歉。”

“这在我们外星球，就是最诚恳的道歉方式了。”乌鲁鲁解释说。同学们都惊讶得张大嘴巴，几个同学甚至在想下次也这样去道歉。

怪怪老师笑着说：“你们在地球上这样做就不妥了。我再次向同学们道歉，是我故意逗你们，开了个玩笑。不过，图片是无法修复了，所以我也想了

弥补的办法，就派乌鲁鲁去找来了——”

乌鲁鲁连忙拉过那个蒙面纱的男人：“这位是生活在沙漠中的图阿雷格族人，是怪怪老师请来的向导，大家热烈欢迎！”

掌声响过之后，同学们依然好奇。

怪怪老师神秘地笑笑，用手指朝着四周一划拉，教室四面的墙都不见了，满眼都是土黄色的沙漠。屋顶也没了，太阳明晃晃地照在头上。温度骤然上升，不少同学已经把外衣脱了。

“这就开始了吗？我们还没拿行李呢。”女王知道怪怪老师的脾气，可也得给大伙准备的时间呀。

“你们已经准备了两节课的工夫，再不出发，这学期就留在原地吧。”怪怪老师的声音变得缥缈起来，那是因为身处大漠造成的。

“就是，跟着怪怪老师还担心什么，咱们想用的东西还不是随时可以取来就用？”皮豆早就迫不及待了。也难怪，他已经来过一次了。

怪怪老师伸手凭空画了个矩形，眼前就出现了一块黑板，黑板上写的是关于图阿雷格族人的介绍：沙漠里的图阿雷格族人，因擅长在沙漠中穿行，被誉为无畏战士。他们常结伴组成商队，穿越沙漠长途运送商贸货物。

“好厉害哦。”博多毫不掩饰自己的崇拜之情，他想跑过来跟向导握手，不料刚一抬脚，就觉得脚底被烫了，“哎哟，哎哟！”

乌鲁鲁朝天一吼，瞬间就下起了彩色雨。说是雨，其实是沙袜。同学们挑选自己喜欢的颜色穿起来。皮豆好心地将沙袜递给图阿雷格族人，却发

啊！

现人家装备精良，他也就作罢了。

大家听从图阿雷格族人的指挥，排成一队。向导指了指蜜蜜，蜜蜜吓得直往后退。可他还是冲她招招手，蜜蜜只好到队伍的最前面来。

蜜蜜怕极了这个戴着面纱的外族人，甚至连话都说不出了，却又不得不跟着他前进，因为她肩负重任。就在刚才，怪怪老师通过密音告诉她：“你一定要紧跟着向导，其他同学都跟着你呢，不要出错。”

为了不出错，她只好紧紧跟随着向导。汗很快就出来了，她甚至闻到了汗味儿。不对，这应该不是自己的味道，那就是前面这个大汉的味道了？蜜蜜把脸歪向一边去呼吸。

为了不那么痛苦，蜜蜜只好跟自己玩起了连词成段的游戏。她的头脑里出现了很多平时积累的好词好句，不妨把它们组织起来，重新排列成一段有趣的话：

> 艳阳天里，我马不停蹄地走在沙漠中，心中充满了对绿洲的渴望。眼前这个神秘兮兮的高大向导，如果能对我俯首帖耳就好了。那样的话，我说向东他不敢向西，我说赶狗他不敢撵鸡。在这片沙漠里，我希望学好语文，更希望学到很多生存知识，还希望皮肤不要被晒得黝黑，不要被累坏、渴坏、饿坏、热坏……

蜜蜜正胡思乱想呢，图阿雷格族人突然转过头来说：“小姑娘，你在玩头脑风暴吗？”

“啊？你怎么知道？”

“因为你一直在小声地嘀咕呀。”图阿雷格族人温柔地说，“你不知道吧，我的耳朵特别灵，就像你们所说的顺风耳。反正我听到了你的话，不算偷听哦。”

蜜蜜觉得好笑，又很意外，原来这个人并不凶啊：“好吧，不算偷听。”

“虽然不是偷听，可你并不希望被我听到。为了自罚，我答应一切全听你的，对你唯命是从。”

“真的吗？那我不成了女王？”蜜蜜高兴地叫起来。

女王马上在队伍的尾部回答：“叫我干什么？目前队伍还算整齐，放心吧，有我压阵呢。”

“我这副领队正跟大领队玩头脑风暴呢？我们把以前积累的好词好句连成一段话，说着玩。”本来这只有蜜蜜在玩，她拉上图阿雷格族人，是因为怕怪怪老师批评她开小差。

怪怪老师不但没有批评蜜蜜，反而赞许地说：“我们平时通过阅读积累好词好句，对写作非常重要。积累的途径很多，语文课本是最好的积累材料来源之一，还有就是要通过大量课外阅读积累。另外，我们要注意给自己的积累分类，并运用到实际写作中去。蜜蜜的‘头脑风暴’游戏就是对积累很好的应用。”

“好啊，大家一起玩。”女王觉得这个主意不错，“蜜蜜先把你的说出来，让大家听听。”

蜜蜜重复了她的那段话，说到“热坏”，图阿雷格族人跟着接了句：“不要被冷坏。”

同学们哈哈大笑，在沙漠里，只听说热，还没听说过冷呢。

大家纷纷搜索起自己平时积累的词语，准备跟蜜蜜比试一番。

再说皮豆，本来自己是有功的，还被怪怪老师封为先锋，可现在的排序是怎样的呢？乌鲁鲁找来的图阿雷格族人成了大领队，蜜蜜成了副领队，女王殿后，显然都是重要的人物在重要的位置。只有他皮豆在队伍的最中间，那是最不起眼最不受重视的位置，所以他心里那个不舒服呀。

听到大家玩头脑风暴，皮豆的大脑也没闲着，他用无线桥连上了乌鲁鲁的脑袋，这家伙正在打瞌睡呢。皮豆发了个巨型脑电波过去，把乌鲁鲁惊醒了。

“干什么呀？打扰人家睡觉。”乌鲁鲁很不满。

皮豆讨好说：“我可是为你好啊，你边走路边睡觉，小心碰到大蜘蛛。”

“哪里有大蜘蛛，碰到也都是同学们。”乌鲁鲁说着，打个哈欠，准备继续睡。

“别呀，大家都在玩呢，你错过了可惜哦。知道吗？他们在玩风暴呢，可好玩了。”皮豆又发了一串电波给乌鲁鲁。

乌鲁鲁来了精神：“风暴？我喜欢玩，要玩就玩大的！”

同学们正你一句我一句玩得开心，暂时都忘了在沙漠行走的疲惫。这时头顶的阳光突然被阴影遮住了，大家觉得一阵清凉，都高兴地喊：“凉快，凉快，再凉快些！”

女王说：“你们以为自己是孙悟空啊，喊什么有什么？”

没想到，真的更凉快了，头顶的云朵正在迅速积聚。图阿雷格族人大叫一声“不好”，并示意蜜蜜趴下。正在前进的队伍突然被前面趴下的人绊倒了，后面的人猝不及防，都一个挨一个倒在了沙子上。

“沙漠风暴来了，大家手拉手，千万别松开！”图阿雷格族人大声喊着。蜜蜜也跟着喊，可一张嘴，嘴里就灌满了沙子。

大家匍匐着，迅速挪动，很快聚集到一起，每个人都紧紧地握着别人的手。

风沙发出吓人的叫声，裹挟着干草吹过去，眼看大家不被吹散也有被掩埋的危险，一场灾难在所难免。

“我们需要一个掩体。”只有图阿雷格族人因为蒙着厚厚的面纱，才能说出话来。

怪怪老师及时跑到队伍前面来，施展魔法让大家面前出现了一个沙丘，同学们都躲在背风处，总算安全了。因为太冷，同学们挤得更紧了。

“可是，如果风力再大些，沙丘也会移动的，大家更危险。”图阿雷格族人还是忧心忡忡。

幸运的是，风暴很快停止了，艳阳依然高照。

“原来沙漠里真的会冷。”蜜蜜感激地看了看图阿雷格族人，她再也不怕他了。

“夜里还会更冷。”图阿雷格族人淡淡地说。他的眼睛没有看蜜蜜，而是在急切地寻找什么。

怪怪老师明白他的意思，马上问道：“是谁？刚才是谁弄出了这场惊天动地的灾难？”他的目光威严地扫过每个人，可每个人都无辜地看着他。

“是我！”乌鲁鲁突然跳出来。

脑力大冒险

你喜欢玩头脑风暴游戏吗？回忆一下积累的好词，在下面的横线上填上不同的形容词吧！

什么样的糖果？

_____的糖果　_____的糖果　_____的糖果　_____的糖果

什么样的猴子？

_____的猴子　_____的猴子　_____的猴子　_____的猴子

什么样的老爸？

_____的老爸　_____的老爸　_____的老爸　_____的老爸

什么样的我？

_____的我　_____的我　_____的我　_____的我

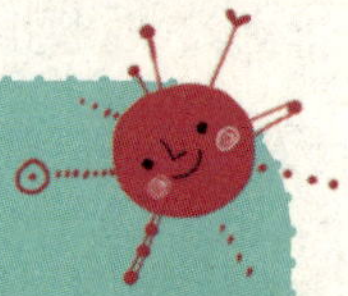

第四章

无言以对无盐

大家都惊讶地看着乌鲁鲁，女王更是气不打一处来：“你是来帮忙的还是来捣乱的呀？”

乌鲁鲁一脸疑惑和委屈：“怎么能怪我呢？是皮豆说要玩风暴的，我只是玩得大了些。”

大家的目光刷地射向皮豆，皮豆的皮肤都灼热起来了。没错，那些目光比太阳光强烈百倍。

皮豆也是一脸无辜和无奈：“我只是告诉乌鲁鲁大家在玩风暴，没说清是头脑风暴，谁知他就玩起了沙漠风暴。”

“你——们——俩！”蜜蜜一改小淑女的形象，咬牙切齿地说，“你们太过分了！害得大家白白受苦。”

图阿雷格族人连忙安慰蜜蜜：“小公主，莫生气，没事的，大家这不是

都好好的吗？”

蜜蜜不好意思地红了脸，不过一转脸，目光还是很犀利地看着皮豆和乌鲁鲁。

博多吐了几口嘴里的沙子：“呸呸，你们俩呀，给大家徒增一场惊险，真是的。”

女王看出皮豆的后悔，就没再说什么，只是回头问图阿雷格族人：“请问我们前进了多少？”

“多少？照你们这样的龟速，再走一年也到不了要去的地方。”图阿雷格族人把拇指和食指比成一个圈。

“啊？”大家马上泄了气。要知道刚才就已经感受到了沙漠的不友好，同学们是又累又难受，原来这半天走的路几乎等于零。

干燥的空气中弥漫着绝望的气息，此刻的高温让人越发难以忍受了。怪怪老师不得不出面打圆场：“各位同学，不要慌张，想想看，成功穿越沙漠的人也不是一个两个，人家是怎么度过的？还有长年累月在此地生活的人又是如何克服这些恶劣条件的？比如，眼前的这位英雄——”

他指指图阿雷格族人，女王明白怪怪老师的意思，马上带头鼓掌：“向英雄学习！”同学们跟着振臂高呼起来。

图阿雷格族人没有任何反应，由于戴着面纱，更看不到他的表情。十一觉得他太冷漠了些，颇有不满，就走过去对图阿雷格族人说：“你也别太骄傲……”

话音未落，十一就扑倒在地。

“十一！”几个同学大叫着，飞奔过来伸手去扶他，却不料，他们都像十一一样扑倒了。

“老师，这个人用魔法害同学们。”皮豆生气地大喊大叫，他试图去拉扯图阿雷格族人，却感觉浑身无力，“哎呀，我也中了魔法。”

“扑通”一声，皮豆也倒下了。再也没有人敢向前一步了。女王愤怒地紧握双拳，眼睛死死地盯着图阿雷格族人。

蜜蜜缓缓地向后退，想离图阿雷格族人远些。

只有博多脱下身上的校服，并用双手撑开，给倒下的同学遮住太阳。

怪怪老师扯了扯博多的校服，那校服立即变得又大又宽，把所有的人

都罩在阴凉里了。

“别担心，这是沙漠中常见的症状，天太热，几位同学是中暑了。”博多向大家解释。

在阴凉里，大家都舒服多了。站着的同学分成两排，站在倒下的几个同学两边，让中间形成对流的风。果然，皮豆他们很快就醒来了，嚷嚷着口渴。

女王按人头给大家分发带来的水，嘱咐同学们要慢慢喝、省着喝，不要一次喝完。所有的人都表现得很听指挥，因为谁都知道水太重要了。

“还有更重要的。”怪怪老师笑眯眯地从背囊里抓出一把东西。蜜蜜见了舔舔嘴唇：“是碎冰糖吧？给我一把，我要吃。”

“你就知道吃。”皮豆精神恢复了，忍不住取笑蜜蜜。

蜜蜜瞥了他一眼：“那你别吃，你的那份也让给我。”

“给你就给你，我才不爱吃糖呢。”

博多无奈地摇摇头，接过怪怪老师手里的东西，开始分发：“你们啊，让我怎么说你们呢？在沙漠里，由于高温和太阳强光的长时间作用，大量出汗，容易中暑，这时候就需要补充适当的盐分。这是老师带来的盐呀。”

蜜蜜特别不好意思，可又不知道该说什么好，只得转向图阿雷格族人：“对不起，刚才大家错怪你了。”

“没关系。”图阿雷格族人说话仍然是淡淡的，大概是不想多消耗体能吧。蜜蜜发现，这个沙漠里的无畏战士从来不多说一个字，不多做一个动作，不浪费一点儿体力。

皮豆却不知天高地厚地大喊大叫：“又喝水又吃盐，这样不是白吃白喝了吗？”

“你才白痴呢！”几个同学立刻反驳他。

怪怪老师严肃地说：“盐也要吃，水也要喝，必须做到。”说着他继续从背囊里掏盐，可是他的脸色突然大变：“盐呢？怎么会这么少？博多！”

博多应声而至：“老师，请放心，因为怕您太辛苦，所以我把大部分盐巴都放在皮豆的背包里了。”

“我的背包？我以为那些是没用的东西，都换成零食啦。”皮豆拍拍自己的背包，脸上的表情复杂起来。

“零食?!”蜜蜜的双眼放光，不过，她看看大家的神色，又连忙噤声了。

怪怪老师一屁股坐在地上，博多也不知所措起来。

“皮豆，你真是让人无语了。”

“不是无语是无言。”

“不是无言是无颜。”

“不是无言，也不是无颜，是真正的无盐了。”女王的脸像挂了霜，虽然还是大热天。

皮豆慌了，他手里那刚分到的一点儿盐也不敢放在包里了，赶紧递给女王。女王接过来还不忘瞪了他一眼：“你这是要害死大家呀。”

皮豆似乎不敢反驳，只是默默地低着头。其实，他是在想造盐的办法呢。要是在海边就好了，把海水在太阳底下晒啊晒，就出来盐了。可这里缺的就是水，哪里有大海呀?

“听说人的汗水里就含盐呢。”蜜蜜小声说。

“是啊，就是因为人体里的盐分随着汗水排出来了，所以才要补充盐分啊。”博多点点头。

皮豆的大脑里灵光一闪，他拉着十一走出阴凉：“好兄弟，铁哥们儿，只有你能救我了!”他说着，又拱手又作揖的。

十一糊涂了：“你什么意思啊?求我帮忙?我的那份盐巴给你就是了。”

“不是，我想——”皮豆踮起脚尖，凑到十一耳边说，“我想让你跑步流汗，再从你的汗水里提取盐分。”

十一想了想："好吧，为了你，不对，为了全班同学，我豁出去了。"说着他迈开大步，在烈日下跑起来。

阴凉里的怪怪老师并没注意到这些，他正想着趁此机会给大家上一课呢："同学们，说到无盐，我就想到了无米啊。"

"哎呀，不会是连吃的也没有带够吧？"蜜蜜最关心的就是吃。

女王想了想问："无盐我听说过，是古代一个丑女。可无米又是谁？"

怪怪老师咧嘴笑了，可那笑容在大家看来，比哭还难看："就是巧妇难为无米之炊呀。为了不消耗体力和盐分，咱们先在这里上一课吧，今天要给大家讲的是根据已有的材料，编写写作提纲。"

是啊，出来不是专门探险的，还要学习语文呢。

"材料呢，就是这里所有的，你们能看到的、感受到的，都可以。作文提纲要包括三个部分：一是题目；二是写出主要内容和想表达的中心思想；三是注意结构安排。"怪怪老师看看同学们都想找笔记下来，就乐了，"别找了，你们口述吧，咱们的课堂是多变的。"

他环顾了一下四周："谁先来？给大家带个头。"他的目光落在女王脸上时，女王避开了，她还在生皮豆的气，不能专心思考。

博多站起来说道："我先来吧，材料是：沙漠、盐、中暑、生气。题目是：气死我啦。提纲是：一、我们来到沙漠历险；二、天太热有人中暑，大家都需要补充盐分；三、我事先准备好的盐找不到了，老师以为是我失职了，不高兴；四、原来又是皮豆闯祸了，真气人。"

“不错，接着来，下一位——”

蜜蜜跟着说：“我找的是沙漠、热、盐分、冰糖、零食、口水。题目是：原来不是好吃的。提纲是：一、沙漠里太热，大家需要补充盐分；二、老师拿出来盐时，我以为是碎冰糖；三、博多准备的盐被皮豆调包了，换成了零食，我的口水又出来了；四、我几次都想着好吃的，被很多人鄙视，真是的。”

“也不错，还有谁？皮豆呢？”怪怪老师开始直接点名了，可皮豆在哪儿？

女王帮着怪怪老师叫皮豆：“皮豆，你的材料呢？”

“来了，来了！”皮豆从外面钻进阴凉里，后面还跟着十一。皮豆的双手小心地捧着什么，来到女王跟前说：“我的材料，盐，我找到盐了，你们尝尝，咸的。”

怪怪老师眼睛发亮：“你是怎么找到的？”

“我让十一跑步出汗，你看，他的胳膊上有一层薄薄的盐霜呢。”

蜜蜜本来伸手蘸了点儿皮豆手中的盐，刚要往嘴里送，听说是十一的汗水，马上甩开了。

皮豆心疼地大叫：“我的盐！你别扔啊，你不吃我吃，我一点儿盐都没有了。”

女王来了精神：“这也不错啊，我们边走边出汗，自己吃自己身上的盐好了。”

博多摇头说：“大班长，你说的是不是真的？可你知道是排出来的多还是需要吃进去的多啊，再说体内的盐也不只是从汗里出来吧？”

大家正说得起劲，只有十一发现少了一个人：“那个面纱客不见了！”这是他们给图阿雷格族人取的外号，因为他的名字太拗口了。

“不许起外号，人家有名字，叫哈马。”蜜蜜马上告诫他。

可是，哈马，真的不见了。

脑力大冒险

博多和蜜蜜编写的提纲，你更喜欢谁的？请你根据下面的材料，也试着拟一个写作大纲。

铅笔即将被装箱运走，制造者很不放心，把它带到一旁跟它说：“在进入这个世界之前，我有五句话要告诉你，如果你能记住这些话，就会成为最好的铅笔。1.你将来能做很多大事，但你不能盲目自由，你要允许自己被一只手握住；2.你可能经常会感受到刀削般的疼痛，但是这些痛苦会使你成为一支更好的铅笔；3.不要过于固执，要承认你所犯的任何错误，并且勇于让橡皮改正它；4.不管穿上什么样的外衣，你最重要的部分总是在里面；5.在你走过的任何地方，都必须留下不可磨灭的痕迹，不管是什么状态，你必须写下去。要记住，生活永远不会毫无意义。”

第五章

误入响尾蛇腹部

跟哈马一起消失的，还有乌鲁鲁。

“天哪，十足的内鬼，连乌鲁鲁也偷走了！”皮豆很夸张地说。

女王冷静地看着皮豆：“嗨，闯了祸就想把矛头指向别人是吧？”

“就是，还污蔑别人，人家哈马是个心地善良的人，只是不善于表达罢了。”蜜蜜已经开始处处维护哈马了，“我坚信，他不会拐走乌鲁鲁的。”

博多也帮腔说：“皮豆你忘了，哈马是乌鲁鲁带来的，谁拐走谁还不知道呢。”

一句话，把大家都逗乐了。

笑声没落，乌鲁鲁就出现了，后面果然跟着哈马。

“乌鲁鲁，你去哪儿了？可想死我啦！”皮豆再次夸张起来，引来同学们一片鄙视的目光。

“从大家的眼神里我就能看出你撒谎了。”乌鲁鲁笑嘻嘻地说，“看大家缺少盐分，趁着怪怪老师讲课的机会，我带着哈马回了趟学校，取了些盐回来。”

说着乌鲁鲁拿出一个大袋子，博多一眼就认出是自己准备的那袋盐。“嘿，别提了，皮豆这家伙，把这盐藏得还挺严实，我和哈马找了半天呢。”

“藏哪儿了？”蜜蜜很好奇，大家也都伸长了耳朵。

“垃圾桶里。”

“天哪，那怎么吃呢？”

博多连忙说：“这个袋子是真空的，隔水隔空气，不会被污染，再说前一天是十一做值日，垃圾桶刷得比碗还干净。”

“那倒是，我有轻微洁癖嘛。”十一大方承认了，其实，爱干净的男孩谁都喜欢。

怪怪老师召集大家整队：“好了，有了盐，我们就安心了。现在，继续出发，挑战沙漠，前进！”

刚才那件在头顶遮阳的校服又回到博多身上，大家重新暴露在烈日下，开始了艰难的旅程。

谁也不知道，皮豆在心里打起了小算盘。由于行程计划被打乱了，他完全没有了胸有成竹的感觉，哈马的到来也让皮豆没有了先锋官的优势。思前想后，他突然没了兴致，想偷偷地溜回家。

可凭他的本事，还不能飞回千里之外的家里，那就需要给乌鲁鲁做些工作了。

“啊？那是违反规定的，是私自逃离，算是逃兵的行为！”乌鲁鲁大吃一惊，随后一本正经地说，“我可不能帮你这个忙。”

“求求你了，谁让你是我的好朋友呢。”皮豆低声下气地在乌鲁鲁耳边唠叨，还不敢大声，生怕别人听到。

乌鲁鲁做事有他自己的原则，可没那么容易被皮豆拉下水。

皮豆见来软的不行，就停下脚步琢磨起来。很快，他想起了什么，快步追上乌鲁鲁。“咳咳，话说，上次怪怪老师准备了外星骨头，你一下子偷出来两根，别以为没人知道……”

“汪——”乌鲁鲁紧张地一哆嗦，失声尖叫。

“嘘！镇定，镇定！”皮豆得意地阴笑，“别害怕嘛，伙计，这事只有我一人知道，当然是如果我不说……”

乌鲁鲁早没了镇定，警惕地四下里张望。刚才他们嘀嘀咕咕，已经落在了队伍的后面。

怪怪老师带来的外星骨头，轻易是不给乌鲁鲁吃的，除非到了关键时刻，那也是为了有效地掌控乌鲁鲁的魔力。

可乌鲁鲁馋啊，吃够了地球上的食物，就总想念外星骨头的味道，所以，就曾经偷偷地……唉！谁知道被皮豆看到了，这都是多久之前的事儿了，他现在是翻老账。

“不管老账新账，想想吧，如果怪怪老师知道了，会怎么样呢？怎么样呢？”皮豆故意轻松地说。

在乌鲁鲁听来，这话题可就够严重的了。

万般无奈，乌鲁鲁让皮豆骑上来，低头找到一颗大点儿的沙砾，就用头往上磕。

“你干吗啊？”皮豆奇怪地问。不过很快，他就明白了，他们钻进了沙砾通道，正在回家的路上。

皮豆紧紧地抓住乌鲁鲁身上的毛，乌鲁鲁大声抗议：“别抓太紧，你弄疼我了！”可皮豆担心掉落下来，才不敢放松呢。

直到后来，他不得不放开手，因为眼前出现了熟悉的一切——他回到了自己的卧室。

回到家也不能安宁，一篇作文正等着他呢。皮豆一回头就看到了桌子上的作业：写文章要有条理，有真情实感，来一篇试试！

“这是什么时候布置的？”皮豆很疑惑。

乌鲁鲁伸头看了看：“肯定是你拖欠的作业呗。”

“才没有呢，绝对不是。”皮豆晃晃脑袋，翻开旁边的书，前一个单元的作业是根据材料写提纲。“啊？这个不是刚才在沙漠里讲的吗？”

“看样子他们此刻正在沙漠里讲这一单元呢。你呀你，机关算尽太聪明，离开大家也甩不掉作业哦。”乌鲁鲁诡异地笑了。

皮豆的火上来了：“肯定是你，把消息悄悄传递给怪怪老师了。”

“你傻呀？怪怪老师厉害还是我厉害，用得着我给他消息吗？他会把一

切都看在眼里的。”

是啊，乌鲁鲁说得有道理。皮豆泄气地坐在地上，赖着不愿动手：“我写不出，别逼我。”

“得了，我虽然是被逼无奈帮你回来，还是帮人帮到底吧，来来来，让我看看你肚子里都有什么。”乌鲁鲁跑到皮豆的背后。

皮豆忍不住大笑：“拜托！我的肚子在前面。”

“拜托！我是有透视眼的。天哪！我从来没见过这么空的肚子，除了食物残渣，你的肚子里根本就没有可用的东西。”

皮豆不觉得难堪，反而嬉皮笑脸地说：“那就请你给我塞点儿东西呗。”

“正有此意！”乌鲁鲁想办法给他肚子里塞满了各种作文素材，却是杂乱无章的，甚至废物多于有用的东西，该有的没有，不该有的却堆积着。

皮豆得意起来，他觉得肚子里有很多东西想往外冒：“快，拿纸笔来，我要写作，都憋不住了。”

“不就是写作文吗？还写作，别搞得跟作家似的。”乌鲁鲁递过来他的作业本，“喏，写吧，越长越好，我也好向怪怪老师交代。”

很快，皮豆就连写带画地完成了“大作”，他神气地递给乌鲁鲁：“瞧瞧吧，我已顺利完成。”

只见作文本上写着：

见到乌鲁鲁，他身上的毛那么厚，热得直伸舌头。今天天气

不错，我吃了两支雪糕，我还穿了凉鞋。不等我多想，乌鲁鲁就叫起来："还我骨头！"我想到还在沙漠里的同学，他们想吃西瓜吗？很热，原来他是在做梦呀。怕热，我都穿背心了。我叫醒乌鲁鲁，给他一块西瓜，他摇摇头，不吃……太热了，太热了，我太爱乌鲁鲁了，我们的友谊长存。

皮豆本想得到夸奖呢，没想到乌鲁鲁气得差点儿撕了这本子："你写的什么呀？一点儿条理都没有，也没有真情实感。"

"我能写成这样就不错了。"皮豆一把抢过本子，依然自信满满。

“算了吧，我还是帮帮你吧。”乌鲁鲁说着，拿出一根绳子。皮豆吓得直往后退：“你干什么？要绑我？不许虐待儿童啊。”

乌鲁鲁只是笑，偏不解释，皮豆知道挣扎也没用，就做出一副我才不怕你的样子，闭上了眼睛。

哪知耳边是呼呼的风声，还有一些细小的颗粒打在脸上的感觉，皮豆不敢睁眼，直到他听到了熟悉的声音：

“啊！”

“啊——”

没错，那是同学们的声音，皮豆心中一喜，睁眼去看，却啥也看不到。“乌鲁鲁，这是哪儿？”

皮豆边喊边摸，不料却传来蜜蜜的声音：“是谁在拉我的辫子？疼死了。”

乌鲁鲁的声音从不远处传来：“真对不起大家，我的魔力出了点儿问题，本来是想带皮豆来请大家指点他的作文的，结果因为太着急，出了差错，我的连通世界之术偏离了，把大家统统都带入了——我看一下啊，抱歉，带入了响尾蛇的肚子里。”

“哇！”大家都张大了嘴巴，只是周围太黑，谁也看不见谁。

“我不要在这里。”蜜蜜又要哭了。

“别说没用的了，先想办法整出点儿亮光来吧。”是博多的声音。

怪怪老师的声音传来：“光明就在皮豆的手上。”

“快点儿，皮豆。”还是博多的声音。

皮豆着急地说："我？我没有啊。"

女王急了："你手上什么都没有？"

"只有作文本。"

乌鲁鲁马上明白了，他凭着记忆把刚才皮豆写的作文复述了一遍。大家不顾危险，笑得前仰后合，皮豆才知道自己真的写乱了。

怪怪老师说："在写作文时，无论是写景、写人还是写事，都要在有条理的基础上，通过语言文字来抒发自己对这些事物的感情，写出来的文字才富有感染力。你们谁来帮皮豆改写一下作文，既要有条理，又要有真情实感。"

女王和博多争着帮皮豆改写作文，内容分别是：

今天很热，我穿了凉鞋。可是一见到乌鲁鲁，就替他担心起来，他身上的毛那么厚，不热吗？我吃着西瓜，不忘递给乌鲁鲁一块西瓜，他摇摇头，不吃……是啊，他一定在想怪怪老师，我也想到还在沙漠里的同学，他们还好吗？想吃西瓜吗？那里真是太热了，太热了。（女王口述）

今天太热，我都穿背心了。乌鲁鲁身上的毛那么厚，他睡着了还热得直伸舌头。我没来得及多想，就拿来两支雪糕，放在乌鲁鲁的舌头上。突然，乌鲁鲁叫起来："还我骨头！"原来他是在做梦呀。我叫醒乌鲁鲁，递给他一块西瓜，他摇摇头，不吃……太热了，太热了，我想出一个好办法，把骨头冰冻一下

再给他，他一定很开心。我太爱乌鲁鲁了，因为他是我的好朋友。（博多口述）

话音刚落，大家眼前一片光明。

脑力大冒险

好学的，爱古物的，人们自然喜欢北平，因为这里书多古物多。我不好学，也没钱买古物。对于物质上，我却喜爱北平的花多菜多果子多。花草是种费钱的玩意，可是此地的“草花儿”很便宜，而且家家有院子，可以花不多的钱而种一院子花，即使算不了什么，可是到底可爱呀。墙上的牵牛，墙根的靠山竹与草茉莉，是多么省钱省事而也足以招来蝴蝶呀！至于青菜，白菜，扁豆，毛豆角，黄瓜，菠菜等等，大多数是直接由城外担来而送到家门口的。雨后，韭菜叶上还往往带着雨时溅起的泥点。青菜摊子上的红红绿绿几乎有诗似的美丽。果子有不少是由西山与北山来的，西山的沙果，海棠，北山的黑枣，柿子，进了城还带着一层白霜儿呀！哼，美国的橘子包着纸，遇到北平的带霜儿的玉李，还不愧杀！

是的，北平是个都城，而能有好多自己产生的花，菜，水果，这就使人更接近了自然。从它里面说，它没有像伦敦的那些成天冒烟的工厂；从外面说，它紧连着园林，菜圃与农村。采菊东篱下，在这里，确是可以悠然见南山的；大概把“南”字变个“西”或“北”，也没有多少了不得的吧。像我这样的一个贫寒的人，或者只有在北平能享受一点清福了。

好，不再说了吧；要落泪了，真想念北平呀！

（节选自老舍《想北平》）

老舍先生这段描写北平的文字，字里行间流露出对北平的喜爱和想念。请你模仿这段话，也写写你生活的地方吧。

第六章

远近高低各不同

“太好了！”

“真是太棒了！”

同学们禁不住热烈鼓掌，不知是为了这难得的光亮，还是为了两位大神的神来之笔。

“谢谢高人指点，我又学了一招，不，是两招。”皮豆抱拳施礼，随即又发愁道，“咱们也别高兴得太早，大家现在还在蛇肚子里呢。”

“既来之，则安之。哪里都是学习的场所。”怪怪老师的表情复杂，同学们看不出是喜是悲。

可是且慢，响尾蛇的肚子可不会那么平静，也不会那么舒服。一会儿就来了个地动山摇，同学们也挤挤挨挨，不是碰头了就是踩脚了，有的同学还夸张地大叫起来。

没想到，他们的动静越大，晃动也就越厉害。

怪怪老师分析，可能是这条响尾蛇要出门觅食了：“它不是朝前游哦，而是横着身子扭啊扭的，不过速度快极了。”他说着，乌鲁鲁已经开始配合着模仿了。一只狗来模仿一条蛇，那样子，怎么看怎么滑稽。

有几个同学始终笑不出来，那是因为他们晕车了——不对，此时此刻，此景此处，只能叫作晕蛇了吧。

其中晕蛇最严重的就是女王，谁也没想到体格健壮霸气十足的女汉子，也有脆弱的一面。别看她平时威风凛凛的，今天可就惨喽。

晕车的滋味是无法表达的，谁晕谁知道。那晕蛇呢？也是如此。只见女王脸色蜡黄，难受得说不出话来，还总是一副要呕吐的样子，吓得她旁边的十一连连往后躲。唉！这个爱干净的家伙可受不了。

“我知道有些同学晕车，这跟身体是否健康无关。这里也没别的好办法，只能让你们分散一下注意力。听好了，我要出题了。”怪怪老师说着，扫了一眼那几位同学。

果然，一听说要出题，女王的精神头就来了，马上忘记了难受，支着耳朵准备接受信息，并想第一个做出回答。

“咱们来到沙漠也有些时候了，大家满眼都是沙子，可沙漠里真的只有沙子吗？现在就请同学们说说沙漠里的景象吧。记住，要按一定的顺序写，还要抓住景物的特点。”怪怪老师的要求来了。

女王果然第一个做出反应，她举手回答，可是因为响尾蛇在扭动，她的回答乱了套，成了这样的：“沙漠里真不错，我们头顶纱巾和蓝天，脚踩沙袜和沙地。天上没有沙子，地上没有白云。沙丘的尖指着大地，我们的脚对着天……”

“咦？乱了，乱了。”皮豆都发现不对了，怪怪老师只是笑，不说话。

大家看看四周，不知何时蛇腹变得透明了，这一定是怪怪老师的魔法了。同学们能看到的沙丘底座果然是冲着天的。尖儿呢？当然就是朝着大地的了。

“啊，颠倒世界！”皮豆刚喊完，整个世界又翻过去变正了。接着，又倒立了。再接着，又正了……

“好玩，好玩。”同学们欢呼起来。

“尽情地玩吧，这里是响尾蛇过山车！”怪怪老师也童心大发，跟同学们一起疯狂起来。

一阵哗啦哗啦的响声传来，蜜蜜乐了：“还有人为咱们鼓掌呢，真好，难道沙漠里还有观众吗？”

“别臭美了，那是响尾蛇的尾巴在动。这个时候，应该是它感觉有危险了，大家也要小心啊。”博多连忙解释。

大家马上停止狂欢，变得谨慎起来。可是谨慎有什么用呢？命运都掌握在响尾蛇的肚子里呢。

“掌声”一会儿热烈，一会儿稀稀拉拉，过了好久，终于停止了。

大家终于松口气，放下心来。“且慢，也许还有谢幕哦。”皮豆想幽上一

默，不料，真的再次响起了哗啦声。大家都小声地抱怨皮豆长了张乌鸦嘴，皮豆抿着嘴不敢再说话了。

很长一段时间后，终于没了“掌声”，接着，“过山车”又动起来，大家也都跟着再次狂欢起来。

月光明晃晃的，沙漠就在这个“玻璃体”外面，仿佛触手可及。

“来来来，别忘了咱们要学的东西啊。”怪怪老师见大家玩疯了，连忙提醒。

“又要上课呀？”皮豆噘嘴了。

怪怪老师平静地说：“不想上课的，可以去外面感受一下沙漠里的低温。”

大家往外看了看，天哪，沙漠里的夜晚原来是这样的：惨白的月光照耀着大地，远远近近的沙丘形成巨大的黑影，仿佛一张微微泛黄的黑白照片。偶尔有动物疾驰而过，根本看不清是什么。最主要的是，一听说外面温度低，同学们开始抱成一团，缩紧了身子。

皮豆不信这个邪，反而往蛇肚皮上靠，想感受外面的低温。

博多见了连忙告诉他：“别逞强了，沙漠里的沙子白天升温快，很热很热，晚上散热也快，很冷很冷。”

奇怪，皮豆不信怪怪老师的话，倒信了博多，很快离开了边上。

“书归正传，咱们来说说写景物的顺序吧。”怪怪老师不知用了什么魔法，让这只响尾蛇突然变大了，有多大呢？大概有几层楼高吧。

同学们的脚没有着地，也就是说不是站在蛇腹的最下端，而是悬空飘在最上端。抬头望望透明的蛇背，星星仿佛就在眼前。不知博多是眼神真的不好，还是他故意装着忘记了身在何处，反正就在他猛地伸手想去摘星星时，被紧绷的蛇皮弹了一下，落到了底部。

底部也是紧绷的蛇皮，他又被弹了回来。这样来来回回地，好像在玩蹦床。皮豆看得心里痒痒的，刚想试一试，却见怪怪老师拉长了脸，只好打消了念头。

蜜蜜笑嘻嘻地对博多说："你还想冲出蛇皮不成？"

博多也怕怪怪老师不高兴，忙解释："我这样上上下下的景物也都能看清楚，你们看，在高处能看到远处的沙丘、岩石，在中间能看到不远处的那些植物动物，在最低处，还能看到沙砾之下的世界呢。"

"说得好！"怪怪老师拍手称赞，"没错，我们写景的时候就要根据由远到近、由高到低或者相反的顺序来写，还要写出变化，不要远处近处一个样，高处低处也相同，更不要头上一句脚上一句的。"

说者无意，听者有心。女王的脸唰地就红了，要知道她在班里一向是稳坐霸主地位的，就因为刚才说的话颠三倒四，现在又被怪怪老师奚落。虽然没提她的名字，可谁不知道是冲着她来的呀？

博多就不一样了，刚才明明是他淘气玩起了蹦床，可这会儿却又受了表扬，看来怪怪老师有点儿糊涂了。博多丝毫没有顾及女王的脸色，而是得意扬扬地继续炫耀："月光在远处投下沙丘的阴影，看起来就像两个沙丘复合，一个尖儿冲着天，一个尖儿冲着地……"

这又戳到了女王的痛处，刚才在响尾蛇反复的扭动中，她看到的和说出的都是真的，却是颠倒的。唉！难道大家当时都没看到那种情景吗？

皮豆接着说："镜头拉近，我们能看到那些光秃秃的灌木，那些几乎干枯的枝条，仍然能吸引食草动物前来……"

“近处，和我们隔着一层薄薄的蛇皮的，是生活在沙子之下的小动物，因为太近，我甚至能看到那些昆虫细腿上的绒毛……”

同学们你一句我一句，纷纷发言，说得热火朝天。怪怪老师满意地抿着嘴笑，好像这节课的教学内容他已经完成了。

突然，蛇肚皮体积膨胀，慢慢地更鼓了，接着猛地一收缩，“阿——嚏！”

脑力大冒险

怪怪老师告诉大家写景时要依据一定的顺序，其实古人在创作写景诗的时候，也会按照一定的顺序，比如下面这首韩愈的《早春呈水部张十八员外》：

天街小雨润如酥，
草色遥看近却无。
最是一年春好处，
绝胜烟柳满皇都。

就是按照由（　　　）及（　　　）的顺序。

请你用自己的语言，依照诗人的写景顺序，改写这首古诗。

第七章

沙漠生存三公式

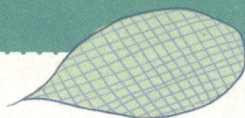

大家还不知道怎么回事，就被抛到空中——气浪把同学们从蛇嘴里冲了出来。

蜜蜜被抛得最高，下落时她吓得哇哇大叫。已经落地的几个男同学同时伸手去接她，总算没摔疼她。

女王顾不上其他，赶快检查人数，看看大家有没有受伤。

还好，大家都是软着陆，没有受伤的。

“这就是沙漠的好处啊，要是石头地就惨了吧。这叫，这叫——”皮豆想逞强，却又想不起叫什么。

“缓冲，沙子给大家一个缓冲，所以摔不伤、摔不疼。”博多解释说。

皮豆冲他一拱手：“对对对，还是你博学多才。小弟佩服，佩服！”

蜜蜜突然尖叫起来：“天哪！”

地上有个东西在翻滚，走近一看，正是响尾蛇。它也受到了惊吓，正打滚呢。

女王挺身而出：“让我来检查一下吧。”她勇敢地走向响尾蛇，大家都把心提了起来。

果然，响尾蛇看到女王就高高地抬起头，还吐出了信子，女王也打了个寒战。不过，她小声地说：“别怕，我就是想表示一下友好。”

这句话她是对自己说的，想给自己打气呢。可响尾蛇好像听懂了，马上收回信子，默默地垂下头。

女王摸了摸它那硬硬的尾巴，又摸了摸它的头，那蛇一直乖乖的，一动也不动，好像一个任人抚摸的婴儿。

女王又小声对它说了一些话，它点点头，慢慢地“游”走了。隔了一段距离，它又抬起头，冲着大家点了三下，才走远了。

“哇，好感人。”蜜蜜和几个小女生已经在悄悄地抹眼泪了。

别人擦眼泪，皮豆却在擦汗，女王瞪了他一眼：“你捣什么乱，煽情也不是这样的。”

“难道你不觉得热吗？”皮豆反问道。

经他一说，女王马上感觉全身热起来，后背甚至有汗珠滑下。“天哪！”她仰起头，看到太阳已经从沙漠的尽头冒出来了，地表温度马上升高了。

怪怪老师嗔怪大家：“你们真是不注意观察啊，想一想从蛇肚子里出来，怎么不觉得冷？还不是因为天已经亮了。”

大家赶在温度还不算太高的时候，匆匆吃了些自己带的干粮。

怪怪老师把昨晚精心收集的露水汇集到一起。看着水，同学们特别心安。仍由哈马带路，继续旅行。

怪怪老师边走边说：“今天，除了考验你们的生存能力，还要练习写简单的纪实作文。所谓‘纪实’，就是真实客观地反映现实生活，如实地表现客观事物，包括写人、写事、写景、写物。哦，写景物的作文昨天夜里已经完成了，今天的重点就是写人和事吧。”

然而，习惯了魔法的同学们，对于眼前的真人真事却看不清了，他们的

眼里尽是些模糊的东西。

“老师，我看不清皮豆。”蜜蜜说。

“我也看不清你。”皮豆也对蜜蜜说。

博多回头看看他们：“真的呢，怎么我只看到虚幻的人影？”

怪怪老师不高兴了：“一说到学习，你们就这样，是想耍赖吗？想装作中暑吗？现在是清晨，中暑也不科学呀。”

“是真的，老师！”女王诚恳地说。

怪怪老师马上叫停，他脸色煞白，嘴里连连说：“不好了，不好了！”

大家还没见过怪怪老师惊慌失措呢，都吓得不敢说话了。

怕吓坏同学们，怪怪老师轻声说：“我怀疑是一种虚幻病毒。”

声音太小了，离得远的同学听不清，别的同学传话过去，话就变了样。很快，谣言四起，有人认为他们是中了响尾蛇的毒，根源是女王，她摸过那蛇。

几个情绪激动的同学想跟女王隔离开来，跑出去很远；其他的人，也在有意避开女王。

女王难过极了，皮豆站出来说话了：“你们真是喜欢乱传话，怪怪老师还在分析原因呢，你们就先知道答案了，你们比怪怪老师还厉害？”

“就是！你们太自私了，班长为大家忙前忙后，最辛苦了，你们现在还远离她。想没想过咱们都一起在蛇肚子里待过，要是中毒早就有症状了，跟她有什么关系？”

同学们都不好意思了，个个红着脸不说话。

“咳咳，答案出来了，我要告诉大家一个公式。”怪怪老师拍拍手，引起大家的注意。

“公式？这会儿要讲数学吗？”十一小声嘀咕。

“不，是沙漠生存三公式。”怪怪老师神秘地一笑，“又叫魔鬼三公式。”

同学们惊呼：“魔鬼！”

“就是说三小时没热量，三天没水，三周没食物，都会致命。”怪怪老师没卖关子，直接告诉了大家。

大家不听不知道，一听吓一跳，原来危险一直就跟随着他们。

“所以，你们总会出现这样那样的问题，眼花了，中暑了，呕吐了，这些大家都要多加注意。”怪怪老师冲着大家挥挥手，好似一股清风拂过，同学们马上都能看清楚眼前的景物了。皮豆憋了一股子劲儿，抢先说：

“我先来吧，我说说写人的，比如写蜜蜜：她有一双眼睛，还有一个鼻子，还有两只耳朵，外加一张嘴。”

蜜蜜也不示弱：“皮豆的眼睛十分大，鼻子十分高，嘴巴十分扁，耳朵十分长，胳膊十分细，腿十分短……”

“你是在写兔子吗？”女王忍不住笑。

怪怪老师却说：“皮豆不错嘛，蜜蜜更厉害，得了一百分。”

两位不知所以然，还挺得意，只见怪怪老师凭空一挥手，眼前就多了块黑板，上面写着：10分+10分+10分+10分+……10分=100分。

蜜蜜马上脸红了，知道自己用“十分”用得太多了。

“写人物外貌，最需要记住的就是不要乱用‘有’。描写外貌是人物描写的第一站，可以从身材、五官、神情、仪态、衣着等多方面入手。我们要在仔细观察后，按一定顺序，抓住特点来描写。”怪怪老师说，“看看，现在变‘有’为‘没有’了吧？”

女王说：“我知道，比如写博多，厚厚的眼镜片下藏着一双骨碌碌乱转的小眼睛，眉毛的跳动让他说每一句话的时候表情都是那么丰富……”

不等怪怪老师夸赞呢，博多也站出来说：“写人的我就不多说了，就说写事吧，写哈马和我们一起经历的这些有趣的事。当然，就从他戴的面纱说起：面纱，给人一种神秘的感觉……”

谁知，皮豆的好奇心突发，他大声问：“那如果刮大风了会怎么样呢？”乌鲁鲁正在打盹，猛然听见“刮大风”三字，慌慌张张就开始帮忙了。只见一股风贴地而起，吹进大家的裤管，吹鼓了大家的衣服，吹乱了女生的头发……

哈马的面纱也快要被吹起，越扬越高。他不由大叫一声，倒在地上。众人刚想去搀扶，哈马却又跳了起来，急急忙忙地跑开了。任凭大家怎么呼唤，他也像没听见一样，乌鲁鲁连声哀求：“汪——”

没用，哈马走了。

大家知道，沙漠里接下来的行程，只能靠自己了。同学们的心情复杂起来，说不清是悲伤还是别的什么滋味。

蜜蜜幽幽地说：“我觉得，这件事情太值得一写了，一定都能写好。”

脑力大冒险

说说以下段落都是从哪些角度描写人物的。

1. 那孩子不足两岁，塌鼻子，眼睛两条斜缝，眉毛高高在上。（ ）

A.外貌描写 B.语言描写 C.动作描写

2. 阿Q伏下去，使尽了平生的力画圆圈。他生怕被人笑话，立志要画得圆，但这可恶的笔不但很沉重，并且不听话，刚刚一抖一抖地几乎要合缝，却又向外一耷，画成瓜子模样了。（ ）

A .外貌描写 B.语言描写 C.动作描写

3. 她不但在考场作文中憧憬着美好的侦探事业的未来，平时说话中，开口闭口就是“本大侦探，本大侦探”的，还剪了短短的男生发型，逢人便说：“我是天下最帅的福尔摩斯二号！”（ ）

A.外貌与性格、品质相结合 B.语言与内心、品质相结合 C.动作神态与内心、品质相结合

第八章

天马行空的想象

怪怪老师半天都没有说话，这让大家更加难受了。

最难受的肯定是皮豆和乌鲁鲁。这两个闯祸的家伙，本来还等着怪怪老师的狠狠批评和同学们的大声指责呢，结果没有人冲他们说一句话，大家都在讨论写人写事的作文。

“写人离不开写事，写事离不开写人。”怪怪老师总结说，“通过事情来表现人的个性，通过人来说明事情的发展过程。”

皮豆讪讪地，跟在队伍的最后。乌鲁鲁还好些，到底是外星来的，哪里能知道皮豆的心理感受啊。他倒是没那么难受。

安静下来的时候，大家才听到队尾传来的呜咽声，那是皮豆在压抑地哭泣。

看到他哭了，大家又心软了，完全没有了冷漠。“皮豆，别哭了，知道你没有恶意，只是不够当心……”博多安慰他。

“他心里难受极了，也算受到了惩罚，大家就原谅他吧。”蜜蜜最不忍心看到别人哭，就差陪着皮豆一起哭了。

女王却拿出班长的威严说：“这不是原谅不原谅的问题，皮豆一遇到事情就想找乌鲁鲁帮忙，结果这回帮错地方了。皮豆也该好好反省一下。”

“哇——”皮豆终于放声大哭，半天才止住说，“我知道错了，请大家原谅，我以后再也不这样了。因为我的错误，接下来大家都得吃苦受罪了，我心里好难受呀。大家不要怪乌鲁鲁，我负全责。”

怪怪老师击掌叫好："好！男子汉敢作敢当，就凭你这种表现，我们都原谅你了。"

大家跟着拍手，掌声响起来，皮豆又回归到同学们当中。

乌鲁鲁也想表现一下，就对怪怪老师说："在这种恶劣的环境下前进，受了太多煎熬，写实的作文也练过了，我建议，不如让大家来点儿幻想吧！"

"我正有此意，你是拦截了我的脑电波了吧？"怪怪老师笑嘻嘻地弹了乌鲁鲁一个脑壳，当然，是很轻很轻的那种。

且说皮豆，得到大家的原谅，算是彻底松了口气。经过刚才的紧张、难过和号啕大哭，此刻的他只觉得嘴巴干干的。他扯过十一肩上装水的皮囊，咕咚咕咚地大口喝起来。

等到女王发现时，水已经只剩下一小半了。

"你也太自私了，这是全班同学的水，不是你自己的！"女王瞪了皮豆一眼，又转脸去瞪十一，"让你保管水，你怎么能私自给他喝这么多？"

十一委屈得憋了半天才说："大家都是自觉地小口喝水，谁知道他、他、他会这样？"

皮豆一点儿都不在乎地说："我知道沙漠里缺水，可怪怪老师有的是办法采集露水，怕什么？"

怪怪老师听到吵闹声也过来了，看看皮囊也变了脸："皮豆，你是要犯多少错误呢？你以为很容易就能得到水吗？那好，今晚就让你来试试。"

“试试就试试，你能我也能。”

博多却拍拍皮豆的肩膀说：“外行了吧？晴朗的夜晚才有露水，碰上阴天，是没用的。”

皮豆傻眼了，乌鲁鲁曾经显摆地告诉他，今天晚上看不到星星月亮是个大阴天。那就是说，如果自己在空旷的沙漠里等上一夜，不仅等不到露水，还可能被冻坏。

皮豆一着急又撇了撇嘴，好像又要哭。蜜蜜上前劝道：“你就别哭了，进了沙漠你就跟平时完全不一样了，眼泪也是水分，你别浪费了。”

怪怪老师看到火候差不多了，才干咳了两声说：“现在先不管水的问题了，说说你们的想象吧。”

大家一阵沉默，显然是在思考。整个队伍的行进变得缓慢许多，说明同学们是很用心的。

女王率先发言：“我说一个吧！那一天妈妈买了几个桃子，太好吃了，只剩最后一个时，我想吃又不好意思，就对妈妈说：‘你快把这桃子领走吧，免得我老想对它不客气。’怎么样，有想象力吧？”

博多跟着说：“我也来一个！一看到壁虎我就把它想成恐龙，一看到小蛇我就想到巨龙，一看到蜻蜓我就想到飞机，一看到……”

“不怎么样，太一般了。”有人摇头说。

皮豆的想象太丰富，但他怕再惹麻烦，就憋住不说。不过，他可是另有打算呢，准备跟缺乏想象的同学做一笔交易。

怪怪老师发话了："女王跟博多的想象有些中规中矩，还是没有放开胆量呀，请同学尽管抛开束缚吧。"

可惜同学们依然没有太好的想象。他们一边嘲笑别人的想象不够神奇，一边又为自己拿不出更好的例子来而感到羞愧。

皮豆感觉关键时刻到了，他跑到队伍的最前面，面向大家，振臂高呼："我有许许多多的想象，谁需要可以跟我做'交易'。"

"那不是天马行空吗？"博多反应最快。

"没错，想试试的话就开始吧。"皮豆得意地点点头。

果然，博多答应了皮豆的条件，他用自己大半的水，换来了皮豆的想象。

博多把自己的作业交给怪怪老师，得到了高度赞赏。

其他同学心动了，纷纷来找皮豆。一时间，皮豆忙得不亦乐乎。

女王心里很不平静，她也有心跟皮豆做个交易，却又放不下大班长的架子，只好找到蜜蜜商量。蜜蜜正在排队等待皮豆呢，女王一把把她拉到一边，说：

"我想我们应该有更大的突破，要自己想些办法才对。"女王的话让蜜蜜如梦初醒，连连点头。

商量一番，她们决定由蜜蜜出马，去求乌鲁鲁帮忙。

蜜蜜对乌鲁鲁软磨硬泡，使出各种撒娇手段，把语气调整到甜得发腻的程度。乌鲁鲁终于招架不了，答应帮蜜蜜的忙。

按照她们事先说好的，蜜蜜让乌鲁鲁搞出一个海市蜃楼的场景。乌鲁鲁摇着尾巴说："听说这是沙漠里经常出现的，我正想试试看呢，就这么决定了！"

很快，那些排队等待皮豆的同学发现不远处有了亭台楼阁，还有人群在街道上走动，俨然一座城市模样。

同学们很快涌到了那里，却发现蜜蜜已经在笑吟吟地等着大家了。

"哇，蜜蜜，这是你搞出来的呀！"

"请叫我蜜蜜市长，我是这座海市的市长。"蜜蜜还把乌鲁鲁和女王奉为座上宾。

十一忍不住问："请问这里也是想象交易场所吗？"

"你说呢？"蜜蜜调皮地笑了，"现在，大家都处在想象的空间里了，能少了想象吗？"

大家发现，这里的每栋房子，每条街道，每种东西，都是想象出来的。比如房子吧，你想象成什么样，它就变成什么样的房子，甚至可以取下来自己用。

不过，谁好意思白拿呀？有人不断地送给蜜蜜礼物，蜜蜜摆摆手："我只要你们用自己的想象来换。"

大家开始进行贸易，不过这里没有出现金钱，也没有用实物来交换的，都是虚拟的想象。

可想而知，蜜蜜成了大赢家。她和女王、乌鲁鲁隔一会儿就要背过身去偷偷地笑一会儿，因为得到的想象太多了。

皮豆那边没了生意，但他换回的水已经不少了。他把水倒进十一的皮囊里，水量总算跟自己喝之前差不多了。

怪怪老师看大家玩得很开心，就及时指点说：“现在，你们的想象是有了，其实提高自己的想象力并不难，首先要积累渊博的知识与丰富的生活经验，接下来要善于把自己已经知道的事物重新组合成新的形象，最后，还可以用夸张来完成想象。有了想象，只要把想到的奇妙景象写下来就行。想象作文没有那么复杂。”

“是啊，我觉得想象作文变得简单了。”同学们都这样说。

“很好，作为奖励，我也来表演一个节目吧。”怪怪老师肯定比大家更有想象力，同学们都期待地看着他。

脑力大冒险

“一天早晨，格里高尔·萨姆沙从不安的睡梦中醒来，发现自己躺在床上变成了一只巨大的甲虫。”

这是奥地利小说家卡夫卡作品《变形记》中的第一句话。请你把主人公的名字换成“我”，发挥一下天马行空的想象力，写一写接下来发生的事情吧。

第九章

加密口诀

大家盯着怪怪老师看了半天，也没看出他的变化：人没有变化，场景也没有变化，甚至同学们也没有什么异样的感觉，这是什么想象？什么魔法？

突然，蜜蜜大叫起来：“哈马！”

“哪有蛤蟆？又不是水塘边，沙漠里没有这种动物。”博多忍不住教导蜜蜜。

蜜蜜不说话，向一边跑去。

天哪，真的是哈马，正从前面走过来。

不！不是一个哈马，是两个，三个，四个……

“哎呀！一群哈马！”皮豆吐吐舌头。

乌鲁鲁大笑：“这是怪怪老师的想象和魔力呀，不是哈马，是一群图阿雷格族人，有了他们就好办了。”

蜜蜜热情地跑过去，可那些图阿雷格族人并不认识她，都淡淡的。

谁能想到，那些人都是沙漠里的石头变的呢？他们不是来帮助大家的，只是陪伴在一旁，让同学们有种心安的感觉罢了。

怪怪老师的感觉没错，让图阿雷格族人继续引领队伍，大家果然镇定多了。

更重要的是，怪怪老师还给每一个图阿雷格族人配备了一匹骆驼。这些沙漠之舟在图阿雷格族人身边从容地前进，看似走得不快，但从不歇息，好像不知道累似的。

同学们纷纷把自己的行囊放到骆驼背上，还亲热地跟骆驼套近乎。可

不是嘛，由于怪怪老师的疏忽，大家来到沙漠还没见到骆驼呢。

“谁如果实在走不动了，可以骑上骆驼前进。不过，得先举白旗哦。”这话从怪怪老师嘴里说出来，一开始还像是为自己之前的失误做出弥补呢，仔细听就不对了，要先认输投降呀。好好的骆驼就成了“收容车”，骑了多不光彩哇。

所以，同学们说归说，笑归笑，并不打算“光顾”驼峰。

骆驼不仅是良好的运输工具，还能给大家提供一种难得的材料，那就是骆驼粪，是很好的燃料呢。

夜幕降临了，骆驼粪篝火晚会在沙漠里举行，疲惫了一天的同学们陡然来了精神。

今天蜜蜜特别开心，因为她看着领头的图阿雷格族人太像哈马了。不管他承认不承认，蜜蜜已经在心里默认他就是哈马了。不过，她还悄悄地和同学们一起给他们编了号——图阿雷格族人甲，大家简称他为“甲”。

既然高兴，又有晚会，蜜蜜怎能不露一手表演个节目呢？所以当大家开始围着篝火跳圆圈舞的时候，她已经在暗暗计划了。

以蜜蜜的歌喉，唱首歌太简单，她都不屑这样做了；以她的漂亮脸蛋，演个公主更没问题，可她觉得太没挑战性了。她打算丑化自己，演一回小丑。

由于找不到红色海绵球当红鼻头，蜜蜜只好自己把鼻子涂成红色的。她一不小心画偏了：“咳，干脆在脸上画个红心吧，特别的扮相才有意思。”

可她一上台，就出问题了，还没张嘴，大家就知道她要说什么了。

“蜜蜜，你想换个造型，雷倒大家，让大家都对你刮目相看是吧？”皮豆抢先问道。

蜜蜜脸一红，还没来得及回答，博多就说开了：“她还想让同学们崇拜她呢，不要眼里只有大班长女王，还有她小公主蜜蜜呢。”

蜜蜜更难堪了，她的脸上开始出汗了，心里那个着急呀，既怕女王生气，又怕妆花了不好看。

“没关系的，我不生气。”女王过来安慰她，“你大胆地演吧。”

本来是句很体贴的话，但是在蜜蜜听来却凉风飕飕的。不是因为女王没有诚意，而是蜜蜜发现自己想的都被人家知道了，多可怕！

蜜蜜停止了表演，呆呆地站着不动。她知道，自己现在想什么都会被读出来，干脆什么都不想吧。

可是没那么容易。当你越是不打算想什么的时候，各种念头却一起涌来了，那才是千军万马在脑海里奔腾呢，心里就更乱了。

“蜜蜜，你是在表演心理活动吗？你的内心可真丰富啊。”十一小声地问。

皮豆最早发现了：“一定是出了问题。”他在心里想。

“是啊，皮豆说得对，一定是出了问题。”女王说。

现在轮到皮豆紧张了：“你怎么知道我想的？”他马上意识到会泄露更多的秘密：“天哪，上次考试时藏起博多橡皮的恶作剧不要被他知道呀！”

“好啊，皮豆，原来上次真的是你在捣乱，我早就怀疑你了。”博多冲过来，举拳吓唬皮豆。

“完了，完了，现在我也中毒了。”皮豆只好求饶。

博多心想：“你皮豆也有今天啊，想什么我可都能看到呢。”

谁知皮豆哈哈大笑：“博多，你想什么我也知道。”

同学们本来还觉得有趣，可当大家知道各自的心思都能被别人看透时，都乐不起来了。

一场欢快的篝火晚会现在变成了互相猜疑的场面。女王急着找怪怪老师来想办法，这才发现怪怪老师不见了。而那些图阿雷格族人围在他们的外圈，一个个像是木头人，嗯，也许说是石头人更确切。

乌鲁鲁被皮豆找来了，他转转眼珠说：“很显然，这是一个加密的口诀，是大自然对人类的惩罚。”

“为什么要惩罚我们？我们又没做什么坏事。”

乌鲁鲁瞥了一眼问话的女王：“咱们强行穿越沙漠，打破了这里的宁静生活，还不算是破坏吗？”

女王羞愧地低下头：“那现在怎么办？”

“只好改变表达形式了：说不出来写出来，写不出来说出来。”乌鲁鲁说了句很高深的话。

女王合计了一下，这样也好，能锻炼大家的叙述和描写能力。老师不在，她好歹也算个小老师吧。她清了清嗓子，努力回忆参考书上的话：“提升语言表达能力，需要六大能力：听的能力、看的能力、背的能力、想的能力、编的能力和说的能力。其中‘听’是第一步，是‘说’的基础。接下来就让我们听听大家的心声吧。”女王说完得意地扬起头，俨然觉得自己是一位合格的老师。

同学们马上看出了她的想法，本来想反对，可是又想了想，也没有什么好办法：“只好如此喽！”所有的同学心里都这样喊。

接下来蜜蜜继续表演，现在她想说的是一件有趣的事，可她不用开口，同学们看看她的脸就能知道内容了。

这是皮豆写下来的记录：

蜜蜜说：“我知道怪怪老师是如何收集沙漠里的水的。他先挖一个沙坑，在底部放一个小盆，在坑的上面蒙上塑料布，夜里温度下降，凝结在塑料布上的水珠就滴到盆里。不过，对着盆的地方，要把塑料布向下压，这样水就会聚集到那里……”

女王竖起大拇哥：“蜜蜜，你叙述得真详细！”

大家都得到了鼓舞，纷纷上台“描写”。女王进入沙漠以来第一次感觉到了身为班长的威严，更加细心地督促同学们完成“作业”。

接下来的“发言”，皮豆可就不关心了，他暗暗得意自己知道了沙漠取水的方法，今晚他就要试一试。

他要在每个帐篷内部顶端都放上塑料布，来收集水。这个工程量可不小呢，趁着同学们还在发言，皮豆拉着乌鲁鲁，向女王请求去帮大家检查帐

篷是否牢固。

女王高兴地表扬了皮豆："老师不在，你也学会为我分忧了，谢谢你们啦！"

帐篷是怪怪老师下午带领大家支好的。皮豆找来石头，把每一个地钉都往下砸了砸，有的地方干脆搬来石头压住。

接着，他们对每一顶帐篷都做了"手脚"，在塑料布垂下的一角处绑了小瓶子，以保证水滴顺利地流到瓶子里。

做完这些，已经大半夜了。玩尽兴的同学们回到帐篷里，早已筋疲力尽，马上倒头呼呼大睡了，哪里会发现头顶的塑料布和绑着的小瓶子？

皮豆和乌鲁鲁捂着嘴笑了半天，也钻进帐篷休息了。

只有蜜蜜特别爱干净，在临睡前不洗把脸睡不着，可水太珍贵，她只能用湿纸巾擦擦算了。谁知就这么把脸擦干净了，别人也就看不穿她的心思了。早知道加密口诀如此容易解除，何必让同学们打一晚上哑谜呢？这样想着，她慢慢睡着了。

女王又往篝火里加了些骆驼粪，生怕夜里冻坏骆驼。那些骆驼真是听话，自觉地在火堆周围，安详地入睡了。

半夜里皮豆起来方便，才知道外面有多冷。他打着冷战，围着火堆和骆驼转了一圈。火早已熄灭，只有一点点余温尚在。

"咦？这也是取水的好地方呀。"皮豆叫醒乌鲁鲁，让他帮着变出一大块塑料布，搭在那一圈骆驼身上，中间的火堆也就罩在下面了。按照蜜蜜说

的，把一个地方压低些，就能接水了。

第二天一早，皮豆挨个叫醒大家，得意地取出小瓶子，给大家看里面的水，顺着塑料布滑下的水滴汇集起来还真不少呢。

同学们都夸皮豆活学活用，把聪明用在了关键的地方。大家争着品尝皮豆的成果，有的说是科研成果，有的说是劳动成果，但是好像都不太合适。

“反正就是我的成果，大家喝吧，明天还有。”皮豆的得意掩饰不住，他也没打算掩饰吧。

不过蜜蜜听说那水是大家呼出的气凝聚而成的，无论如何也不愿喝：“那不是喝别人的口水吗？我才不要呢。”

乌鲁鲁已经把骆驼群引到一边，皮豆把火堆上塑料布收集的水也取来了，蜜蜜才愿意喝。

等她喝下去了，皮豆坏笑着说：“那是骆驼的便便烧的，比口水如何呢？”

蜜蜜憋红了脸，想吐出来也晚了，只好看着大家冲她发出各种奇怪的笑声。仔细想想，反正也是喝进肚子里了，蜜蜜倒坦然了，跟着大家一起笑了。

新的一天就这样在笑声中开始了。

脑力大冒险

大家倾听了彼此的心声，提升了自己“听的能力”，这也是提升语言表达能力的基础。你懂得如何倾听吗？

你最喜欢的一首歌曲是____________________

请你在认真听完这首歌曲后，把脑海中出现的场景写成一段小短文吧。

第十章 莫名其妙的“遗书”

没有了怪怪老师跟着，大家继续在一群图阿雷格族人的带领下前进。

这样一路说说笑笑的，感觉也挺好。同学们都觉得，老师不在身边反而自由自在，不用考虑要上什么课了。

“趁着这工夫，轻松一会儿是一会儿。”这是皮豆的想法，还忍不住说了出来。

女王瞪了他一眼：“看透不说透嘛，就你逞能。”

旁边的一个图阿雷格族人轻轻地笑出了声，被皮豆听到了，这是他第一次听到他们中间还有人会笑出声音来。在这之前，他们一直保持沉默，好像不会说话似的。

“我以为咱们跟他们语言不通，所以就没跟他们主动交流过，原来他们能听懂呀。”博多说。

可是大家再说什么，那群图阿雷格族人又一致沉默了。至于到底听得懂听不懂，同学们也不知道。

热，大漠里的热浪一波接一波，一阵阵袭来。

刚一出发就开始冒汗，很快，大家的衣服都湿透了，接着又被太阳烤干了。衣服就这样湿了干、干了湿，让人很难受。

“要是有阵风就好了，大风，快来吧！”皮豆对着天空喊。

“祝你心想事成！”女王揶揄他。

蜜蜜不以为然：“要是他说句话就能让风来了，我就把沙子当饭吃。”

这话刚说完，她就吃到了沙子，因为起风了，沙粒刮进了她张开的嘴里。

大家惊恐万分地缩成一团，还不敢张嘴说话。许多同学挤挤挨挨在一起，那些图阿雷格族人和骆驼也停下了脚步。

倒是蜜蜜，一直跟在甲的身旁。她觉得在这种恶劣的环境里，还是跟着大人更靠谱一些。女王虽然是班长，可也是小孩子呀。

果然，怪怪老师不在，大家都不知如何是好。

蜜蜜拉住甲，朝他比画了一番，又学着乌鲁鲁的叫声。甲明白了，马上去把乌鲁鲁拉到身边。

蜜蜜掏出一块纱巾当面纱，可这纱巾跟图阿雷格族人的面纱没法相比，很容易就被吹得飘起来。她只好拿手紧紧地捂住纱巾：“乌鲁鲁，你告诉大家，背靠背坐着别动，只要不被吹走，就是安全的。”

乌鲁鲁跑来跑去，把同学们都召集到一起。同学们听话地围坐起来。最里面一圈是女生，外面一圈是男生，再外面一圈是图阿雷格族人，最外面一圈是骆驼。

大家紧挨着，甚至能听到彼此的心跳声。

尽管风吹乱了头发，吹起了衣服，吹得满头满脸满身的沙粒，可大家都好好地坐着。慢慢地，大家都镇定下来，脸上甚至还有了微笑，只是仍然不敢开口说话。

他们发现，这股怪风跟上次的风暴不一样。别的地方并没起风，只是他们身边有一个巨大的风柱子。难道是龙卷风？

硕大的风柱子裹挟着沙粒直冲云端，像是天地之间的连接线。

“要是这儿真的能通天就好了。”皮豆这样想。

“大自然真的不好惹。”博多这样想。

“真想念家的感觉啊。”蜜蜜这样想。

“怪怪老师到底去哪儿了呀？抛下我们也不管了。”女王最着急。

想谁谁到，突然，从那个风柱子里走出一个身影，不是别人，正是怪怪老师。奇怪的是，他刚走出来，那个风柱子就不见了。

“怪怪老师！”大家都像见了亲人一般，热泪盈眶。

怪怪老师看看大家的模样和姿势，马上明白了：“对不起，我的着陆方法不当，给大家添麻烦了。”

“原来是你在兴风作浪啊。”皮豆毫不客气地说。

“我只是回家看一眼，没想到打了盹，醒来就急着往回赶，只想用最快的方法回来，没想到让大家受苦了。”

同学们议论纷纷：

“原来大人也会想家啊。”

“怪怪老师回家肯定吃上妈妈做的饭菜了。”

“他一定是跳到自己的床上，太舒服了，就睡着了。”

“可是他没请假就私自回家了。”

怪怪老师听了，更加羞愧：“真是太对不起了，我也没想到这一次会用这么久的时间。”说着随手丢给乌鲁鲁一根太空骨头，乌鲁鲁高兴得尾巴都抖起来了。

“啊？看起来您是经常回去啊？”皮豆问。

“咳咳，是的，一般我都是晚上悄悄地回去看看，天亮之前就返回，所以你们不知道。”

女王表示理解：“好了，谁都会想家嘛，大家就多多包容吧。”

皮豆左顾右盼，发现不远处有一张纸，捡起来看时，大吃一惊：“这……这、这……这是十一的遗书！”

“十一呢？”博多在人群中寻找。

很遗憾，根本没有十一的影子。

天哪，大风送来了怪怪老师，却吹走了十一！

“十一，你在哪里？”

“十一，不要想不开呀。”

“十一，不要离开我们！”

怪怪老师伸手把“遗书”拿过来：“快，让我看看他都写了什么。”

那张纸上，只在正中央写着大大的两个字：“遗书”，还有最后有两个小小的竖条，按照皮豆的理解，那就是阿拉伯数字11啊。

没有具体内容的遗书，十一想表达什么意思呢？

怪怪老师抬头看看天，又看看大家，很有把握地说：“十一现在很好，也许只是出去溜达一下。我们赶快把耽误的时间补回来，学习一下说明、议论、抒情等表达技巧的运用吧。”

同学们不干了，人还没找到呢，怎么能不管了呢？

女王看到怪怪老师如此镇定，也不再着急了，摆摆手对大家说：“就听老师的吧，怪怪老师一定知道十一的去处。”

跟着魔法老师上课总会发生各种意外，同学们也渐渐习惯了，既然这么说，那就这样吧。

按照皮豆的小聪明，说明=说明书，议论=交头接耳，抒情=歌唱。“我给大家来一段说明吧，”皮豆打开随身携带的创可贴，按照上面的说明书念了起来，“成分……作用……”

“原来是这样啊，那我也会了。”蜜蜜拿出眼药水的盒子，也要开始念了，“成分……”

女王急忙打手势让他们停止：“错了，错了，不是这样的。议论也不是交头接耳。”

“那我就抒情吧，肯定也不是唱抒情歌曲喽。应该是多用‘啊’字吧：大海啊，你是那么蓝；高山啊，你是那么青；黄河啊，你是那么黄……”

同学们已经乐得撑不住了，有几个干脆蹲在了地上。

怪怪老师无奈地摇摇头：“你们啊你们，让我怎么说呢？我们就先说说十一的出走吧，现在谁来发表议论？论十一的出走。”

“我来试试吧，”女王举手，她还把这里当成了课堂呢，“十一的出走，是不对的。因为这让大家很伤心，也很着急，还会为他担心。他这样做太自私了，甚至影响了同学们上课和在沙漠里探险。所以，他的出走，是错误的。”

怪怪老师总算稍稍放心了，他点点头，刚要表扬女王几句，谁知皮豆又跳出来说：“那说明就是要我为十一写份说明书吗？我怎么知道十一的成分是什么呢？他的用途，他的使用方法？”

怪怪老师真是哭笑不得，为了让大家都弄清楚，他手舞足蹈了半天，费了老鼻子劲，可皮豆还是表示不明白。

没办法，怪怪老师决定不惜血本带大家去看看自己童年的外太空生活片段。一进入外太空，大家就发现了熟人，谁呀？

当然是十一了。

“十一，你小子跑到这里清闲来了，知不知道我们多着急呀？”皮豆上去就擂了十一一拳，十一却紧紧地抱着皮豆不放。

“你们终于来了，是刚看到我的求救信吗？”

“求救信？没有，遗书倒是有一封。”博多也上来给了十一一拳。

十一揉着肩膀说：“什么遗书啊？那是我写的‘艺术’两字，谁知这拼音输入法用惯了，纸上就直接跳出了‘遗书’二字。我还没来得及改呢，就被一股怪风带到了这里。情急之下，我划拉了两道竖条，表示那是我十一啊。”

“我猜得没错吧？”皮豆得意地冲大家挤眼耸鼻子。

“谢谢大家来接我回地球。”十一感激地说。

博多摇摇头：“我们是来参观怪怪老师小时候的生活环境的。”

“别参观了，我已经写好了说明文，回去一起看吧，我想快点儿回沙

漠。”十一催着怪怪老师赶快带大家回去。

蜜蜜恍然大悟：“怪不得十一不见了怪怪老师也不着急，原来他已经知道你在这里了啊。”

回来的路上，也就是穿过风柱子的时候，大家就读到了十一写的外太空说明：“外太空简称太空，一般是指离地球表面一千千米之外的空间。美国认定到达海拔八十千米的人为太空人……”

皮豆总算明白了，这就是说明。

怪怪老师适时补充道：“所谓‘说明’就是论述事物的概念、特征、本质及规律。常见的说明方法有举例子、分类别、下定义、摹状貌、打比方、列数字等。”

回到沙漠，同学们看到自己的行囊散落在地上，图阿雷格族人和骆驼都不见了，旁边却多了一堆大小不一的石头。

脑力大冒险

皮豆搞混了“说明文”和“说明书”，你能分得清吗？写一段说明性的文字，向大家介绍一下你的书包，至少要运用三种说明方法。

第十一章 神秘漏洞

同学们还没来得及探究图阿雷格族人的去向，女王已成了一位太空诗人。太空诗人张口闭口都是赞叹太空的诗句：“啊，太空！你大到无法形容。你蓝得像大海，无数个星球汇集在一起。啊，那是一幅多美的画面。”

博多把这首诗写成小短文就是：“无边无际的太空，是那种我们画大海用的蓝色，很纯净。这里太大了，连地球这样的星球都只能算是小星星了。闭上眼睛想一想吧，这是多美的画面呀，你不想走进这样的画里吗？”

怪怪老师表扬了他俩，又看看大家，说：“这次玩得很开心吧？咱们不能总在这里吧，该回到学校去上课了。”

沙漠环境恶劣时，同学们恨不得马上回到学校去。但这会儿听说要走，同学们心里都舍不得，一下子想起很多有趣的事情来，又是那么亲切。

几个同学悄悄找到皮豆，夸他主意多，让他想个好办法，赖在沙漠不回去。

皮豆说：“你们呀平时闹得最凶，喊着回去，现在又不想走！”

“这不是要失去才知道珍惜吗？我越来越觉得还是这里好玩，教室里有什么意思？”其中一个站在十一跟前的同学说。

蜜蜜说：“要不，我就装肚子疼，这样怪怪老师就不急着回去了吧？”

“你是不是糊涂了？”女王摸摸蜜蜜的脑门，“你说你要是病了，怪怪老师还不得更快地带着大家回去？”

“哎呀，可不是嘛，我咋就忘了呢？”蜜蜜捂着嘴笑了。

博多说：“是不是有办法让怪怪老师改变想法？或者让他的命令无效？”

“好主意！”皮豆一拍大腿说，“这得智取。”智取就智取，同学们一起商量好了方案，由博多来实施。

博多找到正拿着本子写写画画的怪怪老师，套近乎：“哎哟，怪怪老师，您可是辛苦了。瞧，自打进了沙漠，您又要当老师教学，又要当爹妈照顾大家的生活，还要当演员给大家提供娱乐，还……”

“有什么事你就直说吧，用得着这么拍马屁吗？”怪怪老师头也不抬，“我正在备课呢。”

博多凑过来：“哎哟，被怪怪老师识破了，我还怪不好意思呢。不知道我们接下来要学习什么呀？”

“喏，就是这个。”怪怪老师说着就把那个本子递了过去。

博多忙伸头去看，只见纸上写着：“续写、改写”。

“就这些啊？”博多表示疑惑。

“就这些啊。”怪怪老师表示肯定。

博多说了句“我明白了”，就转身跑开了。

怪怪老师伸手在本子上轻轻一拂，很多字迹显现出来：“小样儿，跟我玩，你还嫩点儿。”他看着博多的背影神秘地笑了。

续写的下方有他做的详细资料：

关于续写：阅读故事，根据故事内容，进行想象和推理，写出后续的情节。

关于改写：把已有的故事按照自己的想法改编成新故事。

博多得意地对同学们说：“我知道了，现在要练习的是续写和改写，如果我们在这里就能完成，怪怪老师肯定就不会催着咱们回去了。”

“好啊，那我们还等什么呢？开始吧！”皮豆来了劲。

“可是，我还不知道这是什么意思呢。”蜜蜜担心地说。

大家都把目光投向女王，女王想了想：“根据我的理解，续写就是继续写，就是把一个故事接着写下去。改写嘛，肯定就——”

皮豆抢着说：“就是改变原来的故事。”

“嗯，基本上就是这样吧。”博多也表示赞成。

续写什么？改写什么？

经过激烈的争论，同学们决定为这次沙漠旅行做个记录，并根据这里发生的故事来完成续写和改写。

“我已经知道了，除了之前的哈马，后来的图阿雷格族人都是怪怪老师用魔法克隆的。现在咱们就继续克隆下去，不就是续写吗？”皮豆的想法总是最快出来。

“不错，博多，你先试试。”

在乌鲁鲁的帮助下，博多学着怪怪老师的样子，找了几块石头来克隆。

也不知是乌鲁鲁掌握的要诀不对，还是博多学得不像，反正当第一批克隆人出现时，着实把同学们都惊呆了。

眼前不是图阿雷格族人，而是奇怪的生物。首先是一头牛，可仔细看看它的脸，却是马脸。第二个是一条狗，跟乌鲁鲁差不多，可是且慢，怎么长着羊头呢？第三个是貂，不过尾巴不对，是狗的尾巴。

“错了，错了，一定是物种发生变异了！”皮豆冲着博多直摆手。可博多听不到，他还在聚精会神地和乌鲁鲁合作，正源源不断地往同学们面前输送克隆结果呢。

“坏了，一定是实验出了漏洞，这漏洞说大不大，说小不小，可还是怪怪的。”女王着急地对蜜蜜说，“得想办法让博多和乌鲁鲁停下来。”

现在，那只牛头马面正在吃十一喂的东西。十一竟然很喜欢它，不惜把自己的干粮拿出来分享。

那只羊头狗身的家伙，和皮豆玩得很开心。瞧，他一会儿摸摸羊头，一会儿摸摸狗身子，嘴里不停地嘀咕着：“这不就是所谓的挂羊头卖狗肉吗？嗨，伙计，你是个假冒伪劣产品呀。”

至于那只貂，被蜜蜜带到一边去了，还跟着去了几个女生。

“它可比我家的小狗好玩多了，瞧它身上这些毛，多好看，要是再有条貂尾就好了，可惜哦，是狗尾巴。”

“肯定是博多合成这只貂的时候，貂尾巴不够了，或者是找不到了，他就临时找了狗尾巴代替的。这不是狗尾续貂嘛。”

一会儿工夫，更多的怪物被博多和乌鲁鲁造出来了：长翅膀的猪，长鼻子的鸡，一身毛的鳄鱼，拖着孔雀尾巴的鱼，吐泡泡的蛇……

刚才还觉得到处都是萌萌的动物的女生们，吓得大声惊叫，四散奔逃。慌乱中，蜜蜜和女王钻进了地下，可地下就没有生物了吗？

她们俩在黑暗的地道里摸摸索索地前进，一点儿动静就吓得她们再次尖叫。

“你们好吗？”戴着眼镜的鼹鼠打声招呼就跑了，本来蜜蜜还想问一下路来着。

一只沙漠鼠探头探脑地跟在她们后面，不停地耸鼻子。“难道它是想吃我们吗？”蜜蜜的声音都在打战。

女王也紧张得说不出话来。那只沙漠鼠嘿嘿笑着说：“别害怕姑娘们，我只是闻闻你们带了好吃的没有。”也许它失望了吧，很快也离开了。

接着出现的是地龙，那怪样吓得蜜蜜当时就呆住了：“不行，我不能动了，我的腿抬不起来了。”女王和她抱成一团，失声痛哭。

那个怪家伙开口了：“你们总是这样以貌取人吗？难道我就不能帮助你

们吗？跟在我后面，我送你们去地面。”

也没有别的办法了，她们只好乖乖地跟着地龙。地龙速度还真快，一眨眼就疏通了道路。她们从沙砾中钻出来，看到了一群巨人。

“啊，是同学们，他们都变大了。”

“不，是你们变小了，小心被踩到哦。”地龙说着，不等她们道谢，就回地下去了。

一个阴影遮住了阳光，她们吓得连声大喊：“不要踩到我！”女王甚至在想，如果实在有危险，还是继续遁地吧。

一只大手同时托起了她们俩，她们呼地升到半空，眼前是一座大山，不，那是怪怪老师的脸！

“我就知道你们俩去玩藏猫猫了。”怪怪老师说着，把蜜蜜的辫子提了提，她瞬间就长高了，被放回地面。

怪怪老师又把女王的双脚提起，女王倒立过来，哇哇乱叫，吓得紧闭双眼。不过，等她睁开双眼后，发现自己已经坐在地上了，身高也恢复了。

怪怪老师很快制止了博多和乌鲁鲁的瞎闹，并把那些变异的怪物都集中起来：“我就知道你们会自以为是，不过我只是旁观，现在你们收不了场了吧？博多，说说看，问题出在哪儿？”

“把材料胡乱拼凑了。”博多老老实实地回答，“不过，我是想替老师分忧呀。”

“没错，其实呢，你的好心我明白。续写要根据原有的材料来继续进

行，改写是要做大的改变，可也不能乱改啊，这样根本不合理嘛。”怪怪老师指指那群怪物，“瞧，你们本来是想续写图阿雷格族人的故事是不是？现在呢，一个图阿雷格族人也没有。真不知道你们续写的主题是什么。”

“把沙漠旅行继续下去！”同学们一起高喊。

“好吧，我是服了你们啦。”怪怪老师一挥手。远处走来一个人，还是蜜蜜眼尖，马上认出来了：“是图阿雷格族人甲！”

脑力大冒险

为了能继续在沙漠中冒险，同学们都自觉练习改写作文。怪怪老师给大家出了各种各样的改写作文题目，包括改变文章体裁、改变人称、改变文章写法等多种形式。请你也动动手，尝试改写下面这首词吧。

清平乐·村居

辛弃疾

茅檐低小，溪上青青草。醉里吴音相媚好，白发谁家翁媪？　大儿锄豆溪东，中儿正织鸡笼；最喜小儿亡赖，溪头卧剥莲蓬。

第十二章 罩中人

怪怪老师拗不过大家，只好答应暂时不回学校，继续在沙漠里一边学习一边旅行。

“耶！我们胜利了！”同学们欢呼，击掌庆贺，还有拥抱的，总之那种开心让怪怪老师也感动了。

“看到没有，这群小孩子就是喜欢在野外学习。”怪怪老师得意地对乌鲁鲁说。

乌鲁鲁却冷静地说：“可惜啊，不是每所学校都有你这样的怪怪老师。”

怪怪老师扮个鬼脸：“那也好办，如果所有的学生都喜欢我，我可以克隆一些自己，撒遍世界。”

“听起来是不错，可是我可不愿意多出很多克隆的乌鲁鲁来，别怪我不配合哦，我只是独一无二的我！”乌鲁鲁倔强地说。

怪怪老师看看这个好助手、小伙伴，摸摸他的头，笑了。

接下来的行程将会面对更恶劣的自然环境，同学们也感觉到了，温度越来越高，能看到的动植物越来越少。早知道该把博多“制造”出来的那些怪家伙留下呀，可怪怪老师硬是做了个通道把它们送走了。至于是不是送去外太空，只有他和乌鲁鲁知道了。

“再苦再累，我们也情愿，对不对，同学们？”女王给大家打气。

“对！”同学们的回答充满了热情。是啊，留下来是大家的决定，哪能埋怨？更不能后悔。

“曾经有一片阴凉出现在我的身边，我没有珍惜……现在，我想对阴凉说，回来吧……”这是皮豆的俏皮话，引得同学们哈哈大笑，可他们又不敢笑得太多，那样会流失水分啊。

怪怪老师说了，在沙漠里，任何一种动作、一次说话，都会耗费身体里的水分。

这一次，同学们不嫌累，不怕苦，倒是感动了怪怪老师。“得让大家吃吃苦，不过也不能太过分，毕竟这些都是祖国的花骨朵儿呀，要爱护这些好苗苗呀。”怪怪老师觉得同学们个个都可爱，生出了怜悯之心。

为了防止大家体内的水分流失，怪怪老师收集了一些不错的小石头，又加了碱面，还加了什么神秘的东西，然后用双手揉搓起来，还用火烧了烧。很快，几十个小玻璃球就出现了。

“这是要玩弹珠游戏吗？”皮豆问。

“我看像是要下跳棋。”博多猜。

“我说呀，这是怪怪老师给大家准备的好吃的。”蜜蜜光想着食物了。

“是一个个游戏机也说不定呢，怪怪老师怕大家太闷了。”这是女王的猜测。

“我觉得这是怪怪老师让我们看到自己未来的水晶球。”十一想了半天才说。

怪怪老师不说话，拿起一个玻璃球。奇怪，那个玻璃球在他手里变软了，随他怎么捏都行。

他把玻璃球拉一拉，扯一扯，成了扁扁的玻璃片。怪怪老师又拿出一根小竹管，把玻璃片软软地包在竹管的一头，他吹起了另一头，一个圆圆的透明的泡泡出现了。

“哇，这是吹糖人的！我见过，我见过！”博多激动得大叫。

怪怪老师不说话，故作神秘起来。他一边使劲吹，一边不停地调整玻璃泡泡，以保证它是圆的。

“太好玩了，我想要一个！”蜜蜜说完，就低头去数地上的小玻璃球，不多不少，刚好够全班同学每人一个，嘿嘿，看来怪怪老师是要给大家分发礼物了呀。

等蜜蜜再抬起头，不禁张大了嘴巴，只见怪怪老师吹的玻璃泡泡已有一人多高，完全可以让人钻进去嘛。

还真让蜜蜜猜对了，怪怪老师给每个同学分别造了一个软体玻璃构成的大

圆球，可以罩在身体外面。这个圆球具备多种功能，其实是一个小小的贴地飞行器。

生怕同学们在罩子里孤单，怪怪老师还按照大家的学号分配对应的图阿雷格族人甲乙丙丁……蜜蜜不能跟甲在一个飞行器里，很不甘心。她找到女王，好说歹说，终于做了调换。

每个同学都依次领到了玻璃罩飞行器，还各有一个图阿雷格族人做飞行伙伴。他们兴奋地摸摸罩子，又摸摸操纵杆，瞧瞧飞行台，还不忘跟身边的图阿雷格族人聊聊。

细心的女王发现，飞行器只有学生有，怪怪老师和乌鲁鲁是没有的。“你们怎么办？”女王通过飞行器的对讲机问怪怪老师。

怪怪老师神秘地一笑：“那你就不用管了，反正你们跑到哪儿也出不了我的掌控。”

乌鲁鲁也跟着得意地笑：“你们逃不出我们的掌心。”

皮豆不服地问：“乌鲁鲁，你是说我们是孙悟空跟如来佛的关系吗？”

“不服气是不是？那咱们就出来比试比试？”乌鲁鲁紧跟着怪怪老师在各个飞行器之间巡视，还不忘跟皮豆斗嘴。

“比试就比试，谁怕谁呀？”

没想到皮豆的话刚落音，乌鲁鲁就啪地贴在皮豆的飞行器上了。

“怎么着，还真想比试比试？”皮豆从驾驶座椅上站起来。

“不是，不是，我不知道怎么了，就粘到了你的罩子上了。”乌鲁鲁在罩子外面拼命地想挣脱，可皮豆很快就发现，乌鲁鲁的爪子上被装了吸盘，牢牢地吸附在这个飞行器上了。

再看看怪怪老师，却怎么也看不到。启动搜索雷达，可是，百十公里内都没有怪怪老师的信号。

“怪怪老师给你施了魔法，我也甩不掉你了。”皮豆无奈地摇摇头。

乌鲁鲁停止了挣扎，也只好认命了：“喂，你们坐在里面舒服吗？知道我在外面的滋味吗？”

“当然知道，我们不是刚刚还在‘享受’外面的温度嘛，”现在轮到皮豆得意地笑了，“要是外面真的舒服，怪怪老师还用做个罩子来保护我们吗？”

“哼，小人得志！”乌鲁鲁竟然学会了用成语，“不要落在我的手里啊，要不看我怎么收拾你。”

皮豆一边熟练地驾驶飞行器，一边不忘跟乌鲁鲁贫嘴：“不会有那一天的，我保证。”

可惜皮豆得意得太早了，很快他就知道落在乌鲁鲁手里的滋味了。

话说乌鲁鲁无可奈何地趴在皮豆的飞行器上，无可奈何地跟着他前进。蜜蜜从旁边经过时，却竖起大拇哥：“乌鲁鲁，你好潇洒呀！瞧，你的毛发全都飘起来了，这是风中的姿态呢，好美！等等，我要给你拍个照。”

这飞行器可真是功能齐全，蜜蜜点了一个按钮，乌鲁鲁的英姿就出现在显示屏上，真的是很酷呢。

随着蜜蜜的群发，同学们都看到了，乌鲁鲁马上收到了几十个“赞”。皮豆

也不忘显摆一下，留言说："这是在我的罩子外面拍的，又帅又酷的皮豆飞行器。"

不过，皮豆也看出来了，如果从自己的位置来给乌鲁鲁拍照，最多就是拍出一个像章鱼一样吸着玻璃罩的家伙。

"你在别人眼里是风景，在我眼里什么都不是。"这是皮豆对乌鲁鲁目前的评价。不过女王听说后，说皮豆具有做诗人的潜质。

很快，大家同时收到了怪怪老师的指令："按照乌鲁鲁的提示缩写、扩写作文。"

"啊？为什么呢？"这是皮豆的第一反应，他可不想落到乌鲁鲁的"手里"，可结果偏偏就是这样的。

乌鲁鲁不慌不忙地对大家说："我是一条狗，名叫乌鲁鲁。我来自外太空，曾经在那里流浪，后来跟着怪怪老师来到了地球。他喜欢孩子，就当了教师，每天和同学们生活在一起，非常快乐。我作为他的助手，也很愉快。我们经常一起带着同学们玩魔法游戏，他们都很喜欢我。那些在我们看来很平常的事情，在地球上原来就叫作魔法。其实，我们真正的魔法根本还没用过呢。"

"好了，同学们缩写这一段话吧，缩写就是把内容较复杂、文字较长的文章进行压缩，保留其主要内容。记住，越精简越好，这是唯一的评价标准。"怪怪老师的声音传到各个飞行器里，稍微有些走音。

"这还不容易吗？"皮豆抢先按了答题键，"我叫乌鲁鲁，是来自外太空的流浪狗，跟着怪怪老师来到了地球，他当了教师，我做他的助手，都很

愉快。我们经常一起带着同学们玩魔法游戏。”

很快，怪怪老师发来了批改意见：不过关。

皮豆傻眼了。

接着是蜜蜜：“我叫乌鲁鲁，是跟着怪怪老师来到地球的外太空流浪狗。他是教师，我是他的助手，我们一起带着学生玩魔法游戏。其实，我们真正的魔法根本还没用过呢。”

怪怪老师的意见是：勉强及格。

蜜蜜吐吐舌头。

女王也有了答案：“乌鲁鲁是跟着怪怪老师来到地球的外太空流浪狗，他们一起带着学生玩魔法游戏。其实，他们的真本领还没显露呢。”

她得到了一个“良”的评价。

女王高兴地做了个胜利的手势。

博多的回答简直太短了：“乌鲁鲁是怪怪老师带来的外星流浪狗，是学生喜欢的好朋友。”

博多的飞行器上突然开出了五彩缤纷的烟花，原来那是最优秀的答案。显示屏上出现了灿烂的烟花和博多的笑脸，轮番出现的还有皮豆的傻眼照片，蜜蜜的吐舌头照片，女王的胜利手势照片。

皮豆大喊：“我还有更精简的：乌鲁鲁是条狗。”

结果“啪”的一声，皮豆的飞行器变得很小很小，而乌鲁鲁在外面简直就是用手捧着这个飞行器了。

不用怪怪老师评价，皮豆也知道自己缩短得过分了。

他憋足一口气，准备在扩写的时候大显身手。

脑力大冒险

怪怪老师给同学们布置作业：请你找到列夫·托尔斯泰创作的《穷人》读一读，并将它缩写成一篇200字的文章。

女王看了作业后一筹莫展。细心的蜜蜜为帮助她，给她写了便笺：“缩写需要注意：1.缩写前要多读几遍文章，抓住原文的主要内容。2.在缩写时不能改变原文的中心思想。3.要保留原文的主要情节。4.可以逐段逐节地缩写。”同学们，你们也来试着完成缩写吧！

第十三章

遭遇古怪精灵

没想到，扩写的内容还是原来的这段话，只是怪怪老师要求大家扩到三百字。

皮豆只顾着争第一了，根本没听清要求，就拼命地加字，甚至连不相干的话也写上了。

别人早就完成了，皮豆也没注意到。等他按下答题键时，由于写得太长，飞行器就变大了——多大呢？大到找不到罩子外面趴着的乌鲁鲁了。

皮豆又一次出了糗，感觉无脸见人了。幸亏身边的图阿雷格族人还算热心，帮他使劲擦去了好多字，才勉强达到标准，让飞行器恢复到了原来的大小。

皮豆此刻心情复杂，丢人的又是他皮豆呢。他红着脸不说话，连看都不好意思看乌鲁鲁了。

怪怪老师的下一道指令是学习应用文的写法。

“应用文？只听说过有应用题啊。”同学们议论纷纷，一个个问题从各个飞行器里传来，连女王也充满了疑惑。

乌鲁鲁做了一遍解释：“应用文是人类在长期生活中形成的一种文体，是人们传递信息、处理事务、交流情感的工具，包括个人简历、工作总结、申请书等。”同学们不以为然。大家一致认为，数学应用题有用，而语文应用文没有用。怪怪老师只好下令，突破了应用文这个难关才能走出沙漠。

同学们信心十足，才不怕什么过关斩将的游戏呢，一个个摩拳擦掌，准备投入战斗。

飞行器继续在沙漠中穿行，或贴着地面，或离地三尺，或高高在上。同学们和身边的图阿雷格族人合作，已经能轻松驾驶机器，非常自如了。

乌鲁鲁也离开了皮豆的飞行器，单独起飞了。不过，他不需要同学们那样的飞行器，而是在腋下生出翅膀，如鸟儿一般，更加自由自在。

“飞狗！”皮豆羡慕得眼睛都红了，只恨自己长不出双翅。

飞了好一段时间，也没有遇到什么难关，刚才不会是怪怪老师吓唬人的吧？同学们一时放松了警惕，通过语音通话器开始说说笑笑。

突然，飞在最上面的蜜蜜一声惊叫，大家抬头看时，已经没了她的影子。女王赶快用雷达搜索，只见一个小点儿渐渐离他们远去。

“那一定是蜜蜜，她被掳走了！”很多同学也发现了。

女王还没发出调整队形的命令，又有一个同学发出叫声，接着也不见了。

“快！大家打开飞行器的外刺，启动防御模式。”博多及时做出反应，马上提醒大家注意防范。

皮豆听了，立刻按了操作面板上的红色按钮，果然，飞行器成了刺河豚，看着还怪有意思呢。

不过，谁也没心思欣赏刺河豚，顾不上它萌不萌了。

一声怪叫传来，大家的心头一紧：又是谁被掳走了？

然而听起来并不是同学们熟悉的叫声，却见乌云遮月一般，大家眼前一片黑暗，瞬间又亮了，一个庞然大物出现在最前方，挡住了去路。

“停止前进！”乌鲁鲁已经开始喊话了。

同学们赶紧按动紫色键，飞行器在瞬间定格了。

还是有一个圆球冲向了那个古怪的家伙，只听“嘭”的一声，飞行器被反弹回去，“嗖”地向后倒退，转眼就无影无踪了。

“是皮豆！”十一惊叫道。

博多在屏幕上打出“古怪精灵”，他打开页面，果然跟面前这个家伙很像：尖尖的鼻子，短短的嘴巴，高高的前额，有着披肩的毛发。它的手像从翅膀的末端伸出的一对熊掌。它的体形高大，长了八只脚，分别是一对螃蟹脚、一对鹰爪、一对鱼鳍，还有一对是灵长类动物的脚。

“这是我见过的最丑的精灵。”博多对大家说。

“别说了，看见它我就想吐。”女王干呕了几下，“大家准备战斗，注意保持刺儿够锋利。”

同学们在女王的指挥下，准备发起猛烈的进攻，一场恶战在所难免。

哪知那家伙发出一声怪叫，像哭又像笑，让人听了毛骨悚然。

本来大家憋足劲要冲过去刺几下古怪精灵的，谁知大多数人都被它的叫声吓住了，忘了按钮。冲过去的只有几个人，那场面有些悲壮了。

古怪精灵被女王那个飞行器上的刺儿扎了一下，倒像是引发了某个开关，自己也长出硬硬的刺儿来。它身上的刺儿能扎破飞行器的软体玻璃罩，女王和几个同学只好掉头逃走了。

古怪精灵更来劲了，它“呵呵呵”地怪叫着，腾空而起，扇动着大翅膀，很快就把那些原地不动的飞行器也给吹散了。

飞行器七零八落，不过坏了的保护罩马上就自动修复了。最重要的是，大家用于互相联络的显示屏还好好的，这就意味着同学们还可以统一行动。

首先出现在显示屏上的是蜜蜜发来的留言条：

同学们请放心，我很安全，甲保护了我，只是我离大家的距离有些远，不过正在全速赶过来。

蜜蜜　即日

接着是皮豆发来的，从格式上看像是请假条，关键时刻你请什么假呀？

由于身体不适，加上我被弹到离地球太远的空中，所以我要缺席半节课了。不能参加集体活动我很抱歉，请班长大人女王陛下批准！

请假人：皮豆

“不行，不能准假，都得过来参加过关行动。”这是博多说的，虽然是打在屏幕上的，可看着也是气呼呼的。

“消消气，看看我的沙漠日记吧。”十一温和地说。大家翻了翻，屏幕上有好几页呢，都是勤奋的十一记录的沙漠之行：

九月二十日　晴得让人生气　星期几（在这里我怎么知道今天是星期几呢）

今天从早上就热得难以忍受，想一想在家里应该是有些冷的季节了吧？唉，时差、温差，搞得我都糊涂啦。不过，这一次旅行，是值得的，有空前的收获。就在上午，我还学会了徒手捉沙漠鼠，不过看看它那可怜加恶心的样子，还是放了它……

大家都觉得十一的日记写得不错，博多的气也消得差不多了。

一封信出现在屏幕上，看看那歪歪扭扭的字，连皮豆都不如，就知道是乌鲁鲁写来的——

亲爱的同学们：

你们好！

大家都受到惊吓了吧？不过你们放心，别忘了，所有的磨难都是怪怪老师对大家的考验，问题总是有办法解决的，只要大家齐心协力。

别说我没提醒你们啊，要学会找对方的弱点哦。顺便说一句，我也正在赶过来。

祝

大获全胜！

你们的好朋友：乌鲁鲁

“乌鲁鲁提醒得对呀，我们要积极想办法，也不能盲目。”博多马上表示赞同。

此刻，女王已经着手准备下发通知了。

通　知

在这紧急的关头，乌鲁鲁提出了寻找古怪精灵弱点的建议，请同学们仔细观察，认真思考，积极发言，尽快拿出方案来。五分钟后将在原地召开总动员大会，务必参加。

班长：女王

通知一发，大家马上展开了讨论，博多还把搜到的古怪精灵的资料发出来，供大家细细寻找。那些图像是全息效果，方便同学们从各个角度观看。

大家仔细分析了古怪精灵的各个部位，但许多人提出的意见都被否定了。博多再次提醒同学们："记住，乌鲁鲁提示大家要找的是命门，就是致命的地方。"

正说着，乌鲁鲁突然出现了。他心里着急，已经启用了火速前进程序，所以第一个赶来。

陆陆续续的，同学们边讨论边聚集在一起。

只有蜜蜜和皮豆还没出现，女王有些着急了："希望他们没有什么危险才好，大家在一起还算安全，单个在外面漂泊可真让人不放心。"

乌鲁鲁用千里狗眼看了看，马上汇报："报告班长，蜜蜜离此地还有十万八千里，皮豆还有一百一十万……"

"那么远？"同学们都张大了嘴巴，看来这个古怪精灵的威力不小啊。

"没事儿，我马上给他们各发一个加速软件，助他们一臂之力。"乌鲁鲁用左爪按动右爪指甲，指尖闪了两下蓝光。

蜜蜜的声音从天空飘来：“同学们，亲人们，我看到你们了，我回到大集体了。”

“这比孙悟空还快呀。”博多在夸乌鲁鲁。

皮豆随后也到了。大家顾不上寒暄，又开始寻找古怪精灵的弱点。

还是蜜蜜细心，她看到皮豆总是挠胳肢窝，就认真看了看古怪精灵的翅膀下面，果然，发现了问题。

“命门找到了！”

女王发起了总动员大会，由博多起草了一份文件，其实，就是倡议书：

同学们，亲人们，经过细致的观察，蜜蜜同学已经发现了古怪精灵的弱点所在，大家也都一致认为是正确的。那么，发起总攻的时刻到了，请大家做好准备，拿出足够的信心和勇气，打起十二分精神来，让我们为沙漠和平祈祷，让我们为胜利过关而战！

我提议，今夜零时，发起大规模进攻！

前半夜，大家没有一个睡得着的，都兴奋地期待着。

脑力大冒险

说一说故事里运用了几种应用文？至少要说出六种哦！你还知道其他应用文类型吗？补充一下。

第十四章

有一条鱼名叫坏蛋

零时。

大家准时发起进攻：一队刺球儿以迅雷不及掩耳之势冲向正在酣睡的古怪精灵。

被扎了一下的古怪精灵展翅腾空，另一队刺球儿冲着它的腋下飞去。

蜜蜜的心里忽然一痛，古怪精灵也是一条生命啊，眼看就要被击败，全怪自己发现什么命门还急着显摆。难道没有其他的办法？唉！这样一想，她竟然流下眼泪，飞行器也停了下来。

“轰——”一声巨响，古怪精灵消失了。

蜜蜜紧闭双眼，不忍去看。同学们为大获全胜而欢呼，蜜蜜却乐不起来。

耳边传来熟悉的笑声，那是怪怪老师呀。蜜蜜睁眼来看，并没有血肉模糊的场景出现在沙漠上，同学们都围着怪怪老师说说笑笑，皮豆还直挠怪怪老师的胳肢窝。

蜜蜜慢慢凑到跟前，却见怪怪老师伸手抖开一张大红纸，上面写着：

表扬信

亲爱的同学们：

经过这次沙漠之旅，我看到了同学们的协作精神，也见识了你们的聪明才智，尤其是在这一次对付古怪精灵的战斗中，女王表现出了领导才能，皮豆、博多献计献策，十一的表现也不错，乌鲁鲁也是很……总之每一个同学都值得表扬。

我要特别表扬的是蜜蜜，就在刚才，大家忙着进攻的时候，她不忍伤害古怪精灵，这是一个善良的女孩所具有的爱心。我们应该学习她，我也代表古怪精灵向蜜蜜表示敬意！

怪怪老师

蜜蜜糊涂了，怪怪老师代表古怪精灵？

很快，她就明白了，哼，那个古怪精灵肯定就是怪怪老师变的，害得我白白担心。

不过，受到特别表扬的蜜蜜还是很开心的。

同学们也同样开心，怪怪老师趁着大家说说笑笑，把飞行器收回，也把甲乙丙丁图阿雷格族人恢复成石头。

大家看到石头，再想想怪怪老师的魔法，已经完全能接受眼前的现实了。

高兴的事情还在后面呢，顺着怪怪老师所指的方向，大家看到一片绿洲。这一次，皮豆可以保证看到的不是海市蜃楼，而是真正的绿洲，甚至还有一些大型动物穿梭其中。

“冲啊！”不用怪怪老师下命令，同学们快步跑过去。终于有了大片的

水了。爱美的女同学要洗洗脸，男同学忍不住想打打水仗。

“没问题，尽情地玩吧。”怪怪老师也带着乌鲁鲁跳到水中，痛痛快快地泡了一回澡。

女王通过这一学期的学习和经历，已经打算写一本书。

说干就干，在绿洲的几天中，她很快就完成了大作：《有一条鱼名叫坏蛋》。

同学们争相传阅。奇怪！沙漠里本来没有水没有鱼，为什么她会写一条鱼？原来女王写的这条叫坏蛋的鱼，就是那只古怪精灵，它不是长着鱼鳍吗？人家女王可是加了自己的幻想呢。

大家也看到了自己在书中的表现，大部分都是真实的，谁胆小怕事了，谁惹祸招麻烦了，谁拖全班后腿了，谁机智勇敢了，谁鬼点子多做出大贡献了……同学们传看着，议论着，对比亲身经历的沙漠探险，都有一肚子的话要说。

这正是怪怪老师要教给大家的本领：写**读后感**。

“读后感？是说我们读了书以后更勇敢吗？”皮豆总是这样自作聪明，他的问题本身就足以让同学们哈哈大笑了。

博多纠正说：“读后感就是你读了一篇文章或者一本书之后的感受。”

“对，或者还可以说说你受到的启发等等。”怪怪老师总是对博多欣赏有加。

皮豆马上又抢先：“那还不简单，我马上就口头交作业，大家听好了：看了女王的大作《有一条鱼名叫坏蛋》，我真是感慨万千哪。我在书里的表现，是那么聪明勇敢，顽强不屈，我的这种精神值得大家学习。不看这本书我还不知道自己多优秀呢，谢谢女王！”说着还装模作样地冲着女王鞠了一躬。

同学们再次大笑，连怪怪老师也被逗乐了：“皮豆，你改名叫‘皮厚’算了，人家那是夸你吗？再说你的感慨也没有万千啊，只是想让大家表扬你、学习你罢了。”

“皮豆你别臭美了，人家女王为了让故事精彩，用了想象，还夸张了很多。其实你也不是不知道自己的表现吧，出的糗还不够多吗？”蜜蜜毫不客气地指出皮豆的问题。

因为是对自己作品的评价，所以女王也不好意思开口说什么。

怪怪老师继续说：“皮豆的‘读后感’，基本上问题不大，但是同学们写的时候，要注意写出自己的真实感受，结合实际，找找感觉。”

“写？大家都像皮豆那样说说读后感不就行了吗？这样又快又省事，多好？”蜜蜜也是图省事的人。

怪怪老师只好答应：“那你们就一个个来吧。”

“今天，我读了女王的作品《有一条鱼名叫坏蛋》，感觉真是太棒了。这本书不仅写了沙漠生存的困难，还写了同学们精诚合作的团结精神，还有怪怪老师和乌鲁鲁各显神通，让旅行变得有趣无比。读着这本书，经历过的一幕幕仿佛又出现在眼前。想想我在这次活动中的表现，还真是有不少欠缺的地方。我要虚心地向同学们学习，掌握更多的本领，争取更大的进步。”这是博多的发言，博得了同学们的掌声和怪怪老师的夸赞。

看到博多的成功，同学们纷纷效仿，接下来的读后感就成了这样：

“今天，我读了女王的书《有一条鱼名叫坏蛋》，感觉真是太好了。这本书不仅写了沙漠生存的难度，还写了同学们共同团结的合作精神，还有怪怪老师和乌鲁鲁的惊人魔法，让我们的旅行变得太好玩了。读着这本书，经历过的那些事仿佛又出现在眼前。想一想我在这些天的表现，还真是做得不太好，我要多多地向同学们学习，掌握更多的技能，让探险更有趣。”

这是皮豆一口气说的，可是怪怪老师的眉头却紧紧地锁住了：“皮豆，你这是在模仿博多吗？”

“没有啊，我还换了很多词语呢，不信您数一数，一 二三四……我替换了至少八个词呢，总不能算是抄他的吧？”皮豆连忙解释。

怪怪老师无奈，只是摇摇头，让下一位同学继续说。

“读了女王的书《有一条鱼名叫坏蛋》，感觉真是好极了。她不仅写了沙漠生存的不容易，还写了同学们的各种表现，还有怪怪老师和乌鲁鲁的神奇魔法，我们的旅行真是太有意义了。手捧这本书，自己经历过的那些事仿佛又出现在眼前。想一想我在这些天的表现，太胆小，太脆弱，我要变得勇敢起来，还要多多地向同学们学习，变成女王那样的女汉子。”

这是蜜蜜的口述。女王大乐：“蜜蜜，你们都是把博多的读后感当模板吗？怎么听起来都差不多呢？”

“我改的字词更多，和他们的不一样好不好？”

皮豆也跳出来为自己说话："怎么就模仿他了？我们有同样的经历，看的也是同一本书，现在有同样的想法难道不行吗？"

这句话把女王说得哑口无言，是啊，大家时刻在一起，相同的地方本来就多嘛。

"可是，每个人都是独一无二的，人人想法都会不同，别拿这些当理由吧。"乌鲁鲁都看不下去了。

"你又不懂这些，瞎掺和什么？"皮豆不满地瞪了乌鲁鲁一眼，他就想着赶快通过这一关。

没想到乌鲁鲁略施小魔法，就把皮豆的心里话公布于众了。同学只听到皮豆的声音在耳边响起，却又带着点儿回音："哼，这样的书啊，有什么稀罕，我分分钟就能写出一本来，保证比女王的精彩一百倍。我要是写书啊，就先把自己塑造成高大的形象，有多高，有多大？让我想想哦，嗯，得比怪怪老师还高，对，比他还高一头，他的身高是一米八，那我得两米了，啊，是不是太高了？嗯，比他高半头好了……"

同学们哈哈大笑，皮豆也听到自己的声音了，马上羞红了脸，跳起来去追乌鲁鲁："求求你了，放过我吧。"

怪怪老师却鼓掌叫好："好，像皮豆这样写出说出真心话就好，这样才真实嘛。"

原来这样也可以啊，大家马上活跃起来，开始积极发言。

十一说："读了这本书，我觉得还可以写得更生动一些，比如，同学们在面对灾难和困难的时候，并不是一开始就很勇敢的，有些办法也不是一下子就想出来的……”

他停了一下，生怕乌鲁鲁钻到自己心里，把那些不便公开的想法也说出来。乌鲁鲁从博多身后探出头来，十一才放下心来，继续说：“女王的观察力很值得我学习。我平时就是因为看什么都不仔细，还不太爱思考，所以写作文的时候总是很匆忙，一带而过，没有具体的描写，这次我发现了自己的不足……”

十一侃侃而谈，他的读后感得到了最高分。怪怪老师激动地拍着他的肩膀说：“没想到你进步这么快，这次来沙漠，真是太值得了。”

这个头儿开得好，大家越说越有劲，精彩的发言不断地被掌声打断，同学们都被自己感动了。

怪怪老师不断地把分数抬高，最后，有的同学得分竟然是100^{+}了。“非常成功的一节课！”乌鲁鲁把怪怪老师的心里话也掏出来曝光了。

脑力大冒险

请你给同桌写一封表扬信，表扬他（她）这一段时间对你的帮助。

第十五章

我砍，我砍，我砍砍砍

眼看着所有要学的东西都学完了，就要离开沙漠了，怪怪老师和女王要求大家珍惜大自然的恩赐，保护好环境。“除了脚印，什么都不要留下；除了照片，什么都不要带走。大家都懂的，对不对？”

“对！”大家喊得很有力，可心里又是怎么想的呢？

“沙漠里虽然条件恶劣，但也算得上是一片净土，咱们千万不能留下任何垃圾。”怪怪老师一再强调。

不留下东西能做到，要说不带走东西，可就没那么容易了。

就是有些同学，迷恋沙漠里的各种“特产”，想方设法藏着掖着，准备带回家。

在他们看来，也不是什么昂贵的东西，比如，蜜蜜喜欢沙漠里的那些石头花，心想这要是带回去种起来，可比起妈妈和她朋友养的那些普通小多肉植物难得多了。

皮豆想带的是一块陨石，很大，却不太重，只是怎么才能装起来呢？或许敲下一块更方便携带吧。

博多捡了一些干了的草，这可是会走路的草，是旅行植物呢，别看现在干透了，可是到家往土地上一放，准能活。

十一的想法跟大家都不一样，他捡了些动物的粪便，当然都是晒干了的。十一打算带回去仔细研究。

就连乌鲁鲁，也打算带一把沙子回去。至于干什么用，他还没想好呢。

这一切都被女王看在眼里，她那个着急呀，可是怎么办呢？

女王只好去找怪怪老师，看到怪怪老师优哉游哉的样子，女王更急了：“老师，您还不知道吧？同学们都在带‘私货’呢。”

“哦？他们想‘走私’？那绝对不行！”怪怪老师还顾得上幽默，女王可没心思开玩笑了：“大家这样可不好，别的不说，这是对大自然的不尊重啊。”

“我说女王，你还真是个急性子。放心吧，同学们要吃点儿苦头才能接受教训啊。”怪怪老师仍然是一副胸有成竹的样子。女王想了想，明白了，也许怪怪老师已经有了好办法呢。

可是，直到整装待发，要飞回去了，也没见到怪怪老师有什么动静。“最起码也要查一查大家的行李呀。”女王心里嘀咕着。

怪怪老师真的好像已经忘记了这档子事，他忙着重复飞行的注意事项：“从这里飞回教室的途中，靠的是我和乌鲁鲁的魔力，大家不要随便睁开

眼，如果因为睁眼掉到任何一个地方，我们概不负责。尤其是掉到地球之外的星球或者悬浮在太空，对不起，我也没工夫去解救你，毕竟大家的安全更重要，个人的事要往后放放。”

“那就是要在别的星球等一段时间喽？”皮豆忘不了接话，他还往上托了托背包，其实是想检查陨石藏好了没有。

“大家记住了吗？”怪怪老师再次发问。

“记住了！”

“好，记住了，现在就出发，准备——”

大家的心情真是好极了，除了对家对学校的想念，再就是藏着小秘密的那种紧张和开心。他们都紧紧地闭上眼睛，就等怪怪老师的口令了。

“出发！”怪怪老师一声令下，自己就先腾空而起了。

过了好一段时间，皮豆感觉不对，怎么这次飞回去跟上次飞来的时候不一样呢？可他想起怪怪老师的话，说什么也不敢睁眼。

乌鲁鲁是不用闭着眼睛的，他看到怪怪老师和女王轻松到了空中，很快就消失在蓝色的天空里。可自己跟其他同学，都还保持着原来的姿势，呆呆地站立在沙漠上呢。

“喂，你们睁开眼吧，根本没飞呢。”乌鲁鲁挨个地拍拍同学们的肩膀。只有胆大的几个睁开眼睛，大多数同学们仍然不敢睁眼。

“啊？怎么起飞失败了？”皮豆的声音充满了惊诧，蜜蜜觉得他这句话后面应该至少跟着个感叹号。

所有的人都睁开了眼睛，发现老师和班长不见了，他们还留在原地。

大家都抬起头，望着天空发呆。

空中突然飘落一张纸。“啊，天书！”这是博多的第一反应。

乌鲁鲁跳起来，在半空中接下那张纸，只见上面是怪怪老师的字迹：“不遵守规则的后果，就是集体超重，飞也飞不了，跑也跑不动，大家都回不来了。”

原来怪怪老师和女王已经回到现实中的学校，而同学们和乌鲁鲁却留了下来。

蜜蜜“哇”地就哭了：“我要回家，我想回家！”

一个人开哭，很多女生也就跟着哭了起来。本来嘛，大家做好了回家的心理准备，现在回不去，肯定心里是难受的。

同学们有的哭，有的闹，有的议论纷纷，因为没有了班长和老师，所以成了一盘散沙。

“乌鲁鲁，你当我们的头儿吧。”博多说。

皮豆心里有些不情愿，都知道他聪明，他才想当领导呢。

乌鲁鲁却摇头拒绝了：“我才没那个本事呢。”

皮豆大喜，自告奋勇地站出来，“我来吧，从现在起，大家都听我的。”

他挨个把同学们看了一遍：“既然怪怪老师说我们超重，那我们就减轻体重，都想想，今天早上起来到现在，还有谁没有便便过的？赶紧解决了，大便小便都算。”

于是，大家纷纷“解决”问题。可乌鲁鲁扫了一眼，重量几乎没减轻多少，还是不行。

博多拿过那张“天书”，发现背面还有内容，是怪怪老师让大家“互相砍掉对方的多余物品”。

“这真是太妙的方法了，自己舍不得，对别人总能下得去手吧？”博多对皮豆说，“快，让大家把别人的多余物品都扔了。”

皮豆刚想过过官瘾，对同学们下命令呢，可又觉得不对：“明明说了不能向大自然丢垃圾呀，自己的物品肯定要带回去的。”

“对呀，这是怎么回事？”博多也愣住了。

还是乌鲁鲁冷静：“两位，重点是在‘多余’上吧？”

皮豆把怪怪老师的意思告诉同学们，可同学们怎么也看不出哪些是多余的，包里的东西都是很重要、很重要的呀。

“重点还有怪怪老师说的咱们不遵守规则，再好好想想吧。”博多再次摸摸自己的包，在他看来，真的没多出什么来。

皮豆的耳朵里传来奇怪的声音，乌鲁鲁也在摆动脑袋：“这是不同赫兹的声音，应该是谁在传密码。”

“是女王发来的密码！”乌鲁鲁用爪子在沙地上划拉出来收到的内容。见多识广的博多马上就破译出来了，竟然是：不该带走的“纪念品”，每一克相当于自己体重的两倍。

“哇哦。”同学们都明白了，当然也都红了脸。

大家总算把那些沙漠“纪念品”都拿出来了：卷柏、沙尘、陨石、粪便……哈哈，简直能开个小型展览会了。

这一次，大家很快分成两方，所谓两方是指乌鲁鲁和同学们。同学们监督着乌鲁鲁把所有的沙子都倒出来，就是藏在皮毛里的、指甲缝里的也都找出来了。

乌鲁鲁也认真得很，他仔细检查每一个同学的背包，连衣服上的口袋也不放过。当然，他不必挨个打开行李搜查的，只要把鼻子伸出去，拉得老长老长，就能嗅出结果。

如果长鼻子啪地缩回来，就证明没找到隐藏的“纪念品”。如果长鼻子总是不停地围着某个背包闻啊闻，背包的主人就会很不好意思地打开包，拿出“私货”，还要一再对乌鲁鲁和大家鞠躬道歉。

“安检”总算结束了，大家都准备轻松起飞了，可还是不行。

女王又发来密码：“请大家检查作业，尤其是作文，里面的每一句废话相当于体重的十倍。”

难怪呀！

没办法，那就拿出大刀和斧头，准备砍吧。

这一段时间的沙漠行程，同学们最大的收获就是每人都写了厚厚的一本作文，这也是他们最高兴、最得意的了。

作文本是虚拟的，里面的作文就是大家每次“说”出来的话。

对于好不容易完成的作文，大家连一句话都不想改，但是不砍不行啊，多一点儿也走不了。

怪怪老师也通过乌鲁鲁向大家喊话，希望大家配合。不过真想让大家忍痛割爱，就要想想办法了。

他让乌鲁鲁讲了个故事：在他们外太空呀，多一句话多一个字都会造成极大的浪费，所以，他们星球的人说话都特别简短。有一次，还颁发了少一个字就奖励一千克金子的命令，当然，多一个字就要受到惩罚喽。

听着乌鲁鲁讲述的外星故事，博多马上发现不对：“这是地球故事呀，一字千金，我们从小就听过的。”

同学们终于知道精简的重要性了，纷纷拿出作文本，请其他同学互相帮忙删减。

一时间，刀光剑影，从本子里掉出许多字来，落到沙地里不见了。

很快，大家觉得轻松多了，那些作文看起来也美妙多了。

“我就是想知道，那些砍掉的字的奖金，谁来发呢？”皮豆问。

“应该是怪怪老师吧。”博多挤挤眼说。

“找老师要奖励去喽！”大家喊着，一起飞了起来。当然，是乌鲁鲁受命帮了大家。

一眨眼，大家又回到教室里了，墙上挂满了本学期的优秀作文，正呼啦啦地随风作响呢。同学们看到自己的成果，没有不高兴的。他们逐一跟怪怪老师和女王握手、拥抱。

“拿来吧。”皮豆对怪怪老师伸出手。

“什么？”

“一字千金的奖励呀。”皮豆眨眨眼。

怪怪老师也眨眨眼：“这位同学，你帮别人砍了很多字，可别人也帮你删减了很多呀，这不就扯平了吗？”

“啊？上了老师的当！”皮豆抓抓脑袋。

“皮豆，你真是大财迷！”同学们都指着他笑起来。

这笑声，持续了很久。

脑力大冒险

你舍得下手修改自己的文章吗？写一篇五百字左右的文章，自己先修改一下，再请同桌修改，看看两种修改有什么区别。

冒险大揭秘

第53页

由近及远

第60页

A C B

第110页

文中出现的应用文有：留言条、请假条、日记、书信、通知、倡议书。

其他应用文类型还有请柬、表扬信、贺电、借据、申请书、启事、求职信等。